蓮如の霊言

宗教マーケティングとは何か

大川隆法
RYUHO OKAWA

本霊言は、2016年5月9日、幸福の科学 特別説法堂にて、
公開収録された（写真上・下）。

まえがき

浄土真宗《じょうどしんしゅう》の中興《ちゅうこう》の祖、八代目、蓮如《れんにょ》という方は、実に厳しい人らしい。こういう人が大会社の社長、会長だったら、末端《まったん》の従業員《じゅうぎょういん》までピリピリと引き締《しま》って、手抜き仕事はできなくなるだろう。大きくなる会社は、トップは叱《しか》らなくてはならない、と私も聞いたことがある。

さて宗教に対し「マーケティング」という言葉を使うと、一般には怒られることが多い。不謹慎《ふきんしん》だし、俗っぽいからである。

しかし、本書のように、最初から最後まで、幸福の科学を叱ってくださる方には、かえって厳父《げんぷ》のような慈悲《じひ》を感じる。霊人本人も、これだけ叱っておけば、本書が日の目を見ることはあるまいとお考えのようだったが、それを公刊《こうかん》するのが幸福の科学でもある。ころばぬ先《さき》の杖《つえ》は、誰《だれ》にとっても大事だからである。

二〇一六年　十月二十九日

幸福《こうふく》の科学《かがく》グループ創始者兼総裁《そうししゃけんそうさい》　大川隆法《おおかわりゅうほう》

蓮如の霊言　宗教マーケティングとは何か　目次

蓮如《れんにょ》の霊言《れいげん》　宗教マーケティングとは何か

二〇一六年五月九日　収録
幸福の科学　特別説法堂《せっぽうどう》にて

「霊言現象《れいげん》」とは、あの世の霊存在の言葉を語り下ろす現象のことをいう。これは高度な悟《さと》りを開いた者に特有のものであり、「霊媒現象《れいばい》」（トランス状態になって意識を失い、霊が一方的にしゃべる現象）とは異なる。

なお、「霊言」は、あくまでも霊人《れいじん》の意見であり、幸福の科学グループとしての見解と矛盾《むじゅん》する内容を含《ふく》む場合がある点、付記しておきたい。

蓮如《れんにょ》の霊言《れいげん》　宗教マーケティングとは何か

二〇一六年五月九日　収録
幸福の科学　特別説法堂《せっぽうどう》にて

蓮如《れんにょ》（一四一五～一四九九）

室町《むろまち》時代の浄土真宗《じょうどしんしゅう》の僧《そう》。京都東山大谷《ひがしやまおおたに》の本願寺《ほんがんじ》第八世（七世・存如《ぞんにょ》の長子《ちょうし》）。延暦寺《えんりゃくじ》から迫害《はくがい》を受けながらも、衰退《すいたい》していた本願寺教団の再興に努め、「御文《おふみ》」と呼ばれる手紙を全国の門徒へ発信。北陸地方を中心に教勢を拡大し、越前《えちぜん》の吉崎《よしざき》に一大宗教都市を築くなど、現在の浄土真宗の基礎《きそ》を築いた。

質問者　※質問順

酒井太守《さかいたいしゅ》（幸福の科学宗務《しゅうむ》本部担当理事長特別補佐《ほさ》）

斎藤哲秀《さいとうてっしゅう》（幸福の科学編集系統括《とうかつ》担当専務理事
兼《けん》　HSU未来創造学部芸能・クリエーターコースソフト開発担当顧問《こもん》）

綾織次郎《あやおりじろう》（幸福の科学常務理事　兼「ザ・リバティ」編集長　兼　HSU講師）

［役職は収録時点のもの］

1　百万信徒をつくった浄土真宗《じょうどしんしゅう》の中興《ちゅうこう》の祖・蓮如《れんにょ》を招霊《しょうれい》する

「浄土真宗の中興の祖」と言われている蓮如

大川隆法　今朝《けさ》ほどから、蓮如《れんにょ》、もしくは蓮如に関係のあると思われる霊人《れいじん》が来ておりまして、少し話をしたがっています。

私は、明後日《あさって》（二〇一六年五月十一日）、大阪城《おおさかじょう》ホールで約一万人を集めて、「信仰《しんこう》と繁栄《はんえい》」という法話《ほうわ》をするつもりでいるので、蓮如であれば、そういうテーマにも関係があるかもしれません（『正義と繁栄』〔幸福の科学出版刊〕第2章所収）。それで、何かご意見があるならば、聞いておいたほうがいいだろうということになり、試《ため》してみようかと思っています。

ところで、浄土宗《じょうどしゅう》は法然《ほうねん》が開いたものであり、法然の弟子《でし》で、流罪《るざい》にもされた親鸞《しんらん》が開いたものが浄土真宗です。今では、浄土真宗のほうがかなり大きくなり、本願寺《ほんがんじ》等に流れてきています。

また、親鸞自身は九十歳《さい》ぐらいまで長生きをして活動しましたし、彼が口述《こうじゅつ》したものを、弟子の唯円《ゆいえん》が編纂《へんさん》した『歎異抄《たんにしょう》』が有名でしょう。あるいは、親鸞が晩年に著《あらわ》した『教行信証《きょうぎょうしんしょう》』もあります。これは、非常に哲学《てつがく》的な面のある本で、いろいろな仏教書から抽出《ちゅうしゅつ》し、注解を付けたものです。これも、難解ではあるものの有名だとは思います。

ただ、親鸞自身は、「弟子一人持たず候《そうろう》」と言っているように、「弟子づくり」や「教団づくり」等は得意ではなかったようです。

もっとも、流罪に遭《あ》って、新潟《にいがた》のほうにいたときに、在家《ざいけ》の弟子ができたことはありました。また、常陸国《ひたちのくに》、つまり、今の茨城《いばらき》県のほうにも山越《やまご》えをして行ったり、最後は京都に帰ってきたりもしているので、縁《えん》のあるところで少しずつ、弟子と言えば弟子、知り合いと言えば知り合いのようなものはできたようです。しかし、はっきりとした信者教団はできていなかったでしょうから、〝貧乏寺《びんぼうでら》一つ〟というあたりで終わったと思われます。

　さて、浄土真宗は、そういう状態で七代目までずっと続いていたわけですが、八代目に蓮如が出てから、急に巨大《きょだい》化しました。そのため、蓮如は「浄土真宗の中興《ちゅうこう》の祖」とも言われています。年代的には

親鸞（1173～1262）
浄土真宗の宗祖。阿弥陀仏《あみだぶつ》への帰依《きえ》を示す「南無《なむ》阿弥陀仏」こそ、真実の教えであると唱えた。妻帯《さいたい》しており、善鸞《ぜんらん》など数人の子供がいた。弟子の唯円《ゆいえん》が親鸞の教えを記した『歎異抄《たんにしょう》』にある、「善人なをもて往生《おうじょう》をとぐ、いはんや悪人をや」という言葉（悪人《あくにん》正機説《しょうきせつ》）が有名。

一四一五年から一四九九年で、八十四歳まで生きたようです。

なお、彼の在世中に比叡山《ひえいざん》（延暦寺《えんりゃくじ》）との関係が悪化して戦いが起き、（京都・東山大谷《ひがしやまおおたに》の）本願寺を焼かれたこともあって、各地に逃《に》げています。その際、越前《えちぜん》（現在の福井《ふくい》県）の吉崎《よしざき》には坊舎《ぼうしゃ》（吉崎御坊《ごぼう》）を建ててもいるようです。さらに、専修寺《せんじゅじ》を本山とする真宗高田《しんしゅうたかだ》派と結んだ加賀《かが》の富樫《とがし》氏に攻《せ》められたりもしていますが、最後は京都の山科《やましな》に本願寺を再興しました。

ムハンマドやパウロにも似ている蓮如

大川隆法　ちなみに、蓮如は五人の妻に二十七人の子供を産《う》ませています。そして、その子供を、いわゆる〝支部長〟に当たるような感じにして、お寺を全国に出し、そこを拠点《きょてん》にして広げていったようです。
なお、実数は分からないものの、蓮如は、「公称《こうしょう》百万人の信徒を抱《かか》えていた」

と言われていますので、浄土真宗は「弟子一人持たず候」の親鸞から、百万人信徒を抱えるまでになったわけです。おそらく、当時の日本の人口は、二千五百万人から三千万人内外であろうと推定されるので、三千万人ぐらいだとしても、百万人は、かなり大きな数でしょう。今の人口に換算《かんさん》すると、四百万人以上ということになるかもしれません。

要するに、蓮如は、当時の大勢力である、日本のバチカン的な比叡山から焼き討《う》ちをかけられたり、あるいは、武士から攻められたりと、弾圧《だんあつ》や迫害《はくがい》を受けたわけですが、そこから逃げつつも、一代でこれだけ教線を広げました。

これは、ある意味で、メッカから逃《のが》れてメジナまで行ったあと、また巻き返してメッカを取り戻《もど》したムハンマドのようでもありましょう。

一方、キリスト教では、イエスは伝道にそれほど成功せず、大勢の人を集めたものの、最後は十二弟子しか残りませんでした。また、その十二弟子も雲散霧消《うんさんむしょう》して、イエスが十字架《じゅうじか》に架けられたときには、二、三人しか残っていないような状態だったのです。しかし、パウロがギリシャ語を話せたために世界伝道ができ、キリスト教は世界宗教になっていった面がありました。

一般《いっぱん》には、「親鸞はパウロによく似ている。教義も似ている」「日本のパウロだ」というような言われ方をされていますし、私も、そのように述べてはいます。

しかし、どちらかといえば、パウロは「信仰と行動の人」であり、教えを広げるほうが得意な方だったと思うのです。そういう面があるので、パウロは親鸞的な人であるというよりも、蓮如的な人である感じがしないでもありません。

仏教史を見ても、蓮如の布教力《ふきょうりょく》には「異質性」がある

大川隆法　また、蓮如そのものの霊言《れいげん》は、今、『大川隆法霊言全集　第20巻』（宗教法人幸福の科学刊）に入っていますし、昔は単行本で出していました。霊示《れいじ》自

体は、立宗《りっしゅう》の年である一九八六年の八月七日に受けており、おそらく、二時間ぐらいの内容だったような気がします。当時、おそらく、善川三朗名誉顧問《よしかわさぶろうめいよこもん》が徳島《とくしま》で聴《き》いているでしょう。この年の七月七日に、私は会社に辞表を出して、七月十五日に退社したため、いったん四国のほうに帰ったあとに収録したものではないかと思われます。

また、八六年の十月六日に事務所開きをし、正式に立宗しているので、その前の準備段階で蓮如が出てきているということは、一つ知っておくべきことかもしれません。

そういう意味で、幸福の科学と関係がないとは言えない人ではあるけれども、「普段《ふだん》、そんなに関係がずっと深いか」といえば、そうでもないあたりにいる人です。

ただ、「迫害をされつつ、組織をつくって広げていく」という、蓮如の布教力《ふきょうりょく》のすごさには、ある程度、「異質性」があるでしょう。仏教史のなかを見るかぎり、あまりそういう人はいないので、かなり異質なものがあります。

やはり、普通は、修行《しゅぎょう》に励《はげ》んだり、お経《きょう》やお経の解釈《かいしゃく》を書いたりしていますし、お寺を建てても一カ所で深くやるようなタイプの人が多いのです。そのため、どうしても後世の人が広げるかたちになるわけですが、その点、蓮如には異質性があるのではないでしょうか。

そこで、この「異質性」や「宗教マーケティング」について調べてみたいと思います。要するに、どういう考え方なのかを知りたいわけです。

また、当教団においては、今、政治活動もやっていれば、出版等の事業も拡大していますし、あるいは、国際伝道も広がっています。さらには、映画を通して映像事業等の拡大をしたり、ラジオでの伝道をしたりと、いろいろやってはいるのです。ところが、組織を使って教団を拡張していくというのには、なかなか難

迫害されつつも、各地で布教する拠点を築き続けた蓮如

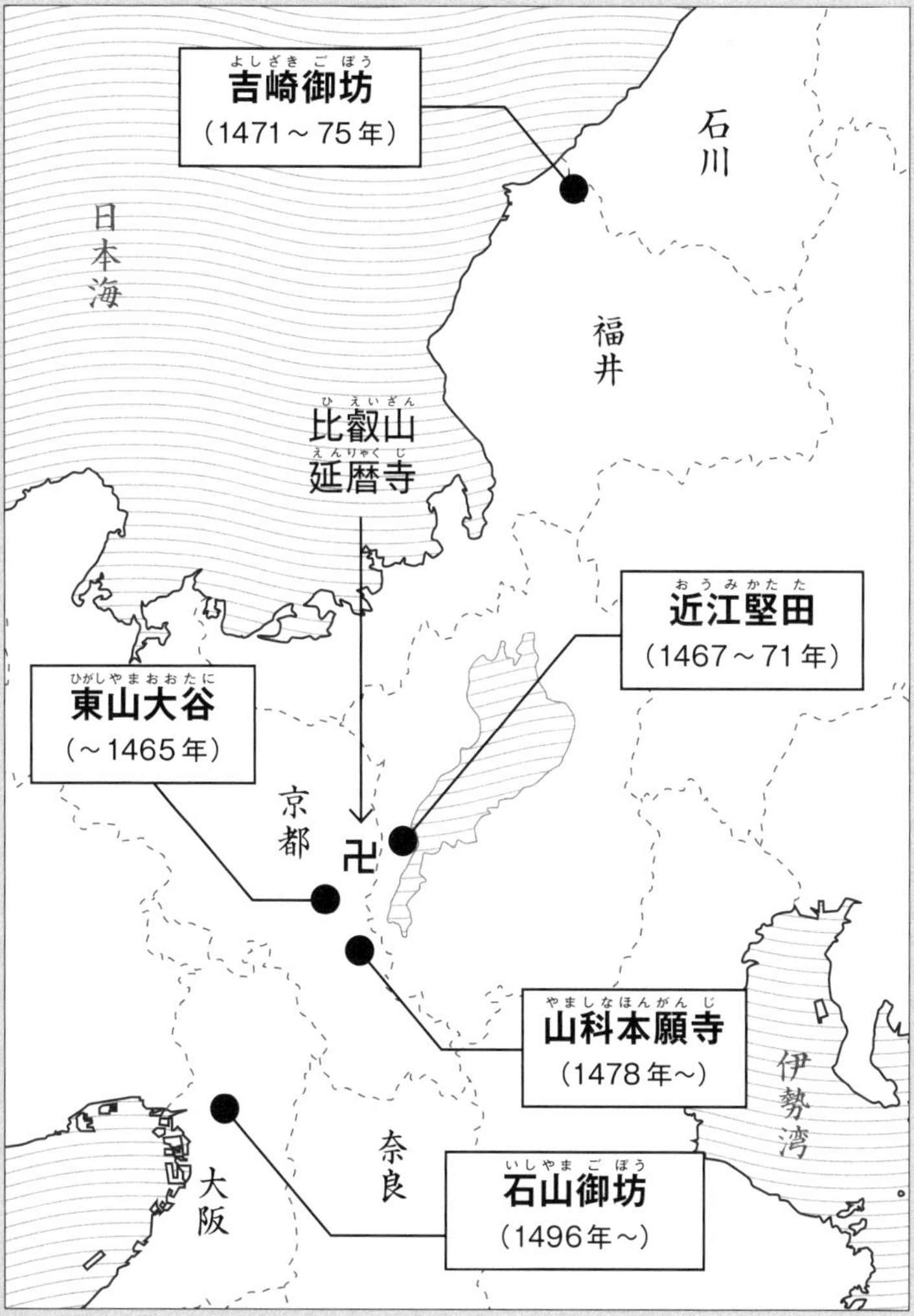

『大実業家・蓮如』（祥伝社刊）より作成。

しいところがあります。私のほうから発信することは可能なのですが、弟子のところを通すとなかなか広がりません。

要するに、お互《たが》いに喧嘩《けんか》をし合うというか、いわゆる普通の会社と同じように、「セクショナリズム」が起きるのです。そして、結局、自分のところの仕事には夢中になっても、ほかのところのことには関心がないので、〝潰《つぶ》し合う〟関係になります。その意味で、〝血管〟のなかには何か一つのものしか流れず、「複数のものを発信しても流れない」ということなのでしょう。

したがって、今、当会では、「組織のつくり方」だけでなく、「伝道の仕方」や、現代的に言えば企業《きぎょう》の顧客に当たる「信者や会員等の層を広げていくやり方」、あるいは、「支持者を広げていくやり方」等について、やや〝頭打《あたまう》ち感〟というか、迷いがある状態なのかもしれません。

蓮如からアドバイスをもらえるかどうかは分かりませんが、何かうまく引き出すことで、教えを乞《こ》えるのではないかと思います。

蓮如の「宗教マーケティング力」について考えを聞きたい

大川隆法　なお、紀元前二百年ごろに、項羽《こうう》と劉邦《りゅうほう》という有名な二人の名将が中国を舞台《ぶたい》にして戦っていますが、その劉邦の霊言を収録したときに転生《てんしょう》の秘密を訊《き》いたところ、「現代は武将として生まれているのではない。スティーヴン・スピルバーグとして生まれて、今、ハリウッドを中心に映画をつくり、全世界を制覇《せいは》しようとしているのだ。現代的にはそういう戦いもあるのだ」というようなことを言っていました（『項羽と劉邦の霊言　劉邦編――天下統一の秘術』〔幸福の科学出版刊〕参照）。これは本人が言っているので、そうだとは思うのですが、そのついでに質問者

劉邦は今、映画監督のスピルバーグとして転生していることが明らかに。『項羽と劉邦の霊言　劉邦編――天下統一の秘術』（幸福の科学出版刊）

がほかの転生を訊くと、蓮如や春日局《かすがのつぼね》を思わせるようなことも言ってはいるのです。

ただ、性格的に見れば、劉邦は〝人殺しの大親分《おおおやぶん》〟なので、それが宗教家で出て、教えを広げるほうになるかといえば、価値観的に少し疑問がないわけではありません。

また、スピルバーグが「ハリウッド映画で世界制覇している」というのはそのとおりかとは思います。そういう意味では、確かに、蓮如との共通性もあるかもしれませんが、ズバリの宗教家ではないので、そのあたりはどうなのでしょうか。

それから、「蓮如の過去世《かこぜ》は、イエスの弟子のアンデレだ」という説もあるわけですが、彼は十二弟子には入っているものの、どんな仕事をしたのか、もうひとつよく分からない方なので、このへんも、多少、気にはなるところではあります。

なお、春日局については、やや〝お笑い〟に近い部分もあるのかもしれないので、よく分かりません。

そういうことで、私としては、「このあたりはまだはっきりしていない」と思っているのです。

ただ、蓮如という方の「宗教マーケティング力」自体には非常に関心があるので、今日、もし出てくれるのならば、いろいろなことを訊いてみようかと考えています。

さて、蓮如は宗教家として見るならば、どちらかというと、宗教政治家的にザーッと広げていって、『国盗《くにと》り物語』風のことをやったような感じの方です。あるいは、現代的には、「大企業をつくっていく」ような感じのタイプの方にも見えます。したがって、これがどこまで真実であるかは探究してみる必要があるでしょう。

それでは、前置きはこのくらいにして、今日来られている方に、少しお話を聞いてみたいと思います。

おそらく、蓮如だと思われる方が来ておりますけれども、幸福の科学 特別説《せっ》法堂《ぽうどう》に降りたまいて、そのお考え、御心《おこころ》、あるいは今、私たちに何か言いたいことがございましたら、お言葉を賜《たまわ》りたいと思います。

（約十秒間の沈黙《ちんもく》）

蓮如（1415 ～ 1499）

本願寺中興の祖。第 8 世。当時、比叡山延暦寺《ひえいざんえんりゃくじ》の末寺《まつじ》に組み込まれていた本願寺を独立させるため、蓮如は天台宗《てんだいしゅう》の本尊《ほんぞん》や経巻《きょうかん》をはじめ、その宗儀《しゅうぎ》を廃してしまう。これに激怒した比叡山から本願寺は襲撃を受けるも（寛正《かんしょう》の法難）、その後、蓮如は近江堅田《おうみかたた》（滋賀《しが》県）や越前吉崎《えちぜんよしざき》（福井県）、京都山科《やましな》、摂津石山《せっついしやま》（大阪府）などに次々と布教の拠点を築いていった。蓮如が 8 代目を継承した当時、浄土真宗の諸派のなかで最も衰退し、経済的にも困窮を極めていた本願寺。蓮如はその本願寺を一代で急成長させ、100 万信徒とも言われる大教団にまで発展させた。

（上）蓮如上人《しょうにん》銅像（福井県あわら市吉崎 吉崎御坊跡）
（左下）蓮如上人誕生の地・崇泰院《そうたいいん》（京都府京都市東山区林下町）
（右下）石山本願寺跡に建つ蓮如上人の碑（大阪府大阪市中央区）

2　なぜ浄土真宗《じょうどしんしゅう》は急速に広がったのか

〝堕地獄《だじごく》の業《わざ》〟と思われていた浄土真宗が広がった不思議

酒井　おはようございます。

蓮如　うーん、ああ。

酒井　「蓮如」様でよろしいでしょうか。

蓮如　うん、まあ、いいよ。

酒井　よろしいですか。

蓮如　まあ、そういう呼び方でもいいよ。うん。

酒井　そのあたりのことについては、また後《のち》ほどということで。

ただいま、大川隆法総裁からお話がありましたように、「宗教のなかでも、非常に異質性がある。迫害《はくがい》をされつつも、広げていくすごさがある」ということと、もう一つ、「『宗教マーケティング力』というものがあり、浄土真宗《じょうどしんしゅう》における全国制覇《せいは》を成し遂《と》げた方」としてお聞きしております。

蓮如　うん。

酒井　当時、比叡山《ひえいざん》から迫害を受け始めました。そのあたりから蓮如様のお仕事が始まったのではないかと思うのですが、どういう戦略を持たれていたのか。あるいは、その状況《じょうきょう》をどのようにして逆転していくことができたのかをお聞かせください。

蓮如　うーん、まあ、君たちも誤解されやすいとは思うんだけどね。「敵が出ないで、みんなから愛されれば大きくなる」と思うが、現実はそうならないことも多くてね。だから、実社会に出てもそうだろうとは思うが、「可もなく不可もなし」の人間ってのは、偉《えら》くなることはないわな。

酒井　そうですね、はい。

蓮如　役人であろうが、企業人《きぎょうじん》であろうが、可もなく不可もなく生きた人は、課長さんぐらいで退職すればいいところで、それ以上はなかなか行かないものだ。

酒井　はい。

蓮如　敵が出るっていうことはね……。まあ、それは、好《この》んで敵をつくるべきでないとは思うけれども、「敵が出る」っていうのは、「目障《めざわ》りだから」、だわな。

酒井　はい。

蓮如　そういうことなんだよ。

すでに先行して大きくなっておるものは、あとから出てくるものが目障りなとき、「それが大きくなる前に叩《たた》いておきたい」と思うようになる。だいたいそういうことだよね。つまり、「先行しているものが嫉妬《しっと》する」ということだよな。

酒井　ええ。

蓮如　浄土真宗って、すでに親鸞《しんらん》さんのときからあったわけだけどね。まあ、鎌《かま》倉期《くらき》にも少しは広がっておったけれども、比叡山を脅《おびや》かすほどの勢力にはなりえていなかったのでね。

もちろん、当時は幕府の弾圧《だんあつ》もあったしね、鎌倉幕府のね。法然《ほうねん》、親鸞とも弾圧を受けたし、その法脈《ほうみゃく》を継《つ》ぐ者も細々《ほそぼそ》とやっておったし。まあ、当時、「肉食《にくじき》妻帯《さいたい》する」ってことは罪だからね。奈良《なら》仏教等から見りゃあ罪だし、平安仏教から見ても、まあ、正統派ではないほうだからね。

酒井　ええ。

蓮如　どちらかといえば、在家《ざいけ》の聖《ひじり》風のやり方ではあるから。まあ、妻帯したのは、親鸞が最初ではないけどね。もうちょっと前にもそれをした人はいるけど、それが大教団になるっていうことはなかったから。仏教から見れば、「地獄《じごく》に堕《お》ちる業《わざ》」と、一般《いっぱん》には思われておったからね。

だから、そちらのほうが広がっていくっていうのは、まあ、不思議なことではあろうな。私の時代に広がりを見せ始めたっていうことで。

撤退《てったい》戦をしながら陣地《じんち》を築いた蓮如

蓮如　まあ、比叡山は、「『賀茂川《かもがわ》（鴨川《かもがわ》）の水』と、『双六《すごろく》の賽《さい》の目』と『比叡山の僧侶《そうりょ》』の三つだけは法皇《ほうおう》の自由にもならん」と言うぐらい、うるさかったもんだけど（注。『平家《へいけ》物語』に出てくる白河《しらかわ》法皇の言葉）。

ローマのバチカンは中世に領主なんかに介入《かいにゅう》してね、二重行政だよな？　領主に農民は従わないかんけど、同時に、キリスト教徒であるなら、バチカンの指令にも従わないかんという「二重行政」みたいなのがあって、それで戦争がよく起きてくるようになって、中世はさまざまに戦争が絶えなかったことがあった。

そういうことは、もう、比叡山にも起き始めていたわけで、京都の政治にも介入しておったたし、まあ、それだけの力があったわな。

それから、信徒を動員することもできたし、山法師《やまほうし》自体が武装しておってね。

だから、自警団風にというか、薙刀《なぎなた》を持って京都に暴《あば》れ込《こ》むようなこともあったわけで。向こうは仏教、仏陀《ぶっだ》のせいにしてるからさ、なかなか殺生《せっしょう》もままならないので、戦いにくいっていうような状態があった。

こういうものに焼き討《う》ちをかけられたけれども、それから北陸に逃《に》げつつも、だんだん教線を広げていったっていう、これはある意味で、軍事的にも正当な戦い方だな。「撤退《てったい》戦をしながら、どこかに陣地《じんち》を築いて、再度攻《せ》めてくる」っていう、こういうやり方だなあ。

君たち（幸福の科学）だってそれをやったわけで。一九九一年からすごく目立ってやったけど、オウム真理教事件が一九九五年に起きてだな、宗教全体に

「寛正《かんしょう》の法難」の後《のち》、蓮如はいったん、本福寺《ほんぷくじ》（写真：滋賀県大津市本堅田《ほんかたた》）を拠点にして、浄土真宗の信仰を押し広げた。

対して弾圧風の風潮が広がったときに、いったん宇都宮《うつのみや》に撤退をして、「宇都宮に本山をつくる」っていうことで〝陣地〟を築いた。われわれが北陸にいったん退《しりぞ》いたように、比叡山からちょっと遠ざかって、すぐ届かないところに陣地を築き直してやったようにね。

酒井　はい。

蓮如　君たちも、宇都宮にいったん退いて〝陣地〟を築いて、総本山《そうほんざん》をつくってから、もう一回、全国に支部や精舎《しょうじゃ》を建てて、また東京に戻《もど》ってきて広げようとしている。まあ、そういうところだろう？　そういう意味では、基本的なやり方自体には「定型《ていけい》」があるから、それを守ってはいるのかもしれないけどね。

酒井　はい。

当時のＰＲ戦略でもあった蓮如の「御文《おふみ》」

蓮如　あと、「マーケティング」と言われたらあれだが、私は「御文《おふみ》」っていうのを使ってね。御文というのは手紙だよな。毎月、手紙を全国の寺に書いて、それをもとに行動しておった。

まあ、今で言うと、各大教団がやっている「布教誌《ふきょうし》」を出して、それに基《もと》づいて次の方針が出てね、「教学」をし、「活動」をしているようにな。布教誌に代わるものとしては、「御文」という手紙を出していたっていうのが、当時の「布教戦略」、「ＰＲ戦略」でもあったわな。

だから、弾圧され、比叡山と戦ったり、富樫《とがし》氏と戦ったりするようなことも、ある意味で、イエスが使ったＰＲ戦略ともよく似たやり方でね。「イエスが迫害

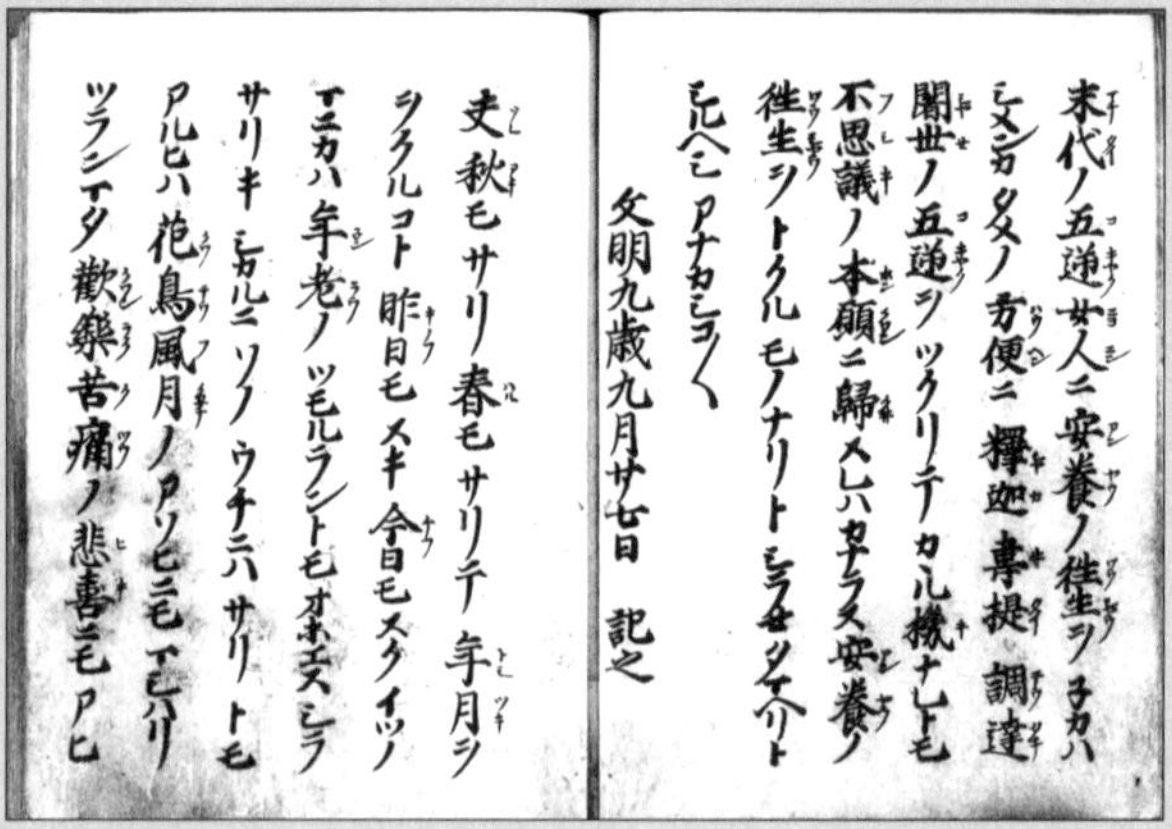
末代ノ五逆女人ニ安養ノ往生ヲトケサセ
シメンカタメノ方便ニ釈迦韋提調達
闍世ノ五逆ヲツクリテカヽル機ナレトモ
不思議ノ本願ニ帰スレハカナラス安養ノ
往生ヲトクルモノナリトシラセタマヘリト
シルヘシ アナカシコ
文明九歳九月廿七日 記之

夫秋モサリ春モサリテ年月ヲ
ヲクルコト昨日モスキ今日モスクイツノ
マニカハ年老ノツモルラントモオホエスシラ
サリキ シカルニソノウチニハサリトモ
アルヒハ花鳥風月ノアソヒニモマシハリ
ツランマタ歓楽苦痛ノ悲喜ニモアヒ

（上）『御文』（蓮如／室町後期刊／国立国会図書館蔵）

御文《おふみ》

現代のように、電話やメールがなかった時代において、蓮如が生み出した布教手段。親鸞の教えの要諦を分かりやすく説いた手紙を各地の道場に送り、信徒たちが集会を開く際に道場主などが読み上げていた。これにより、字の読めない層にまで教えが広がった。1461 年、蓮如 47 歳のときに書き始められた御文は、現存するだけでも 250 通を超え、信徒の日常の心得《こころえ》や女人往生《にょにんおうじょう》の教えについても数多く記されている。信徒たちは、競うようにして御文を書写し、それがまた各地へ伝播《でんぱ》していくことで、布教範囲が飛躍的に拡大していった。

【代表的な御文《おふみ》】

この世の無常《むじょう》を説き、阿弥陀仏《あみだぶつ》への念仏を勧めた「白骨の御文」の抜粋

「この世《よ》の始中終《しちゅうじゅう》、まぼろしのごとくなる一期《いちご》なり。（中略）
されば、朝《あした》には紅顔《こうがん》ありて夕《ゆうべ》には白骨《はっこつ》となれる身《み》なり。」

（訳）人間が生まれてから死ぬまでの一生は幻《まぼろし》のようなもの。（中略）
朝には良い顔色をしていても、夕べには白骨となる身です。

され、十字架《じゅうじか》に架かる」ということ、これをクリスチャンたちは逆手《さかて》に取ってPRに使っていったわけで。

やっぱり、人はそういう争いごとを好むんですよ。もちろん、なかにいる人が好むわけじゃないけども、人が喧嘩《けんか》してるのを見るのは面白《おもしろ》いわけよ。

だから、現代で言えば、マスコミなんかの中心は、そういう争いが起きると、それを報道する。喧嘩、殺人事件、戦争、事故、あるいは地震《じしん》とか津波《つなみ》とか、人が大勢死ぬようなこと、争いごとがあるところが〝大好き〟。「PR力」がすごいですよね。

酒井　はい。

蓮如　ビルが崩《くず》れようが、地震が起きようが、不幸に対して〝感性がすごく豊か〟ですからね。そういう意味で、ＰＲ力とすごく関係がある部分はあるかとは思うがね。

まあ、ザルッと言えば、そんなところだけど。

3　政治を絡《から》めた蓮如のマーケティング戦略

百万信徒を擁《よう》するまでに浄土真宗《じょうどしんしゅう》が発展した理由

蓮如　まあ、もうちょっと突《つ》っ込《こ》んで、訊《き》きたいこともあるだろう。

酒井　かなりいろいろとお訊きしたいところがあります。

蓮如　うん。

斎藤　今、質問者の酒井太守さんからお話がありましたけれども、北陸に撤退《てったい》したとき、驚《おどろ》くべきことがあったように聞いております。
そのころ、越前《えちぜん》の吉崎《よしざき》という場所に、後代では「吉崎御坊《ごぼう》」として有名な精舎《しょうじゃ》、宗教施設《しせつ》をどんどん建てられました。当時は百万人の信徒をお抱《かか》えになった繁栄《はんえい》の状態でしたが、そこに何十万人も集まったとも言われるほど、山が大僧坊《だいそうぼう》(多《た》屋《や》)だらけになってしまったともお聞きしております。

蓮如　うん。

斎藤　その後、吉崎御坊は火災に遭《あ》いましたが、一説では放火とも言われていますように、攻撃《こうげき》をされて、現在では跡地《あとち》のみが遺《のこ》っております。しかし、当時、そのような困難のなかで、いったん撤退をしつつも、山の上に〝大伽藍《だいがらん》〟を建てられるほどの力を持たれ、また、多くの人を集め、参拝《さんぱい》させたような魅力《みりょく》とは、

吉崎御坊《よしざきごぼう》

比叡山延暦寺《ひえいざんえんりゃくじ》からの弾圧（「寛正《かんしょう》の法難」）を受けた蓮如は、滋賀県近江《おうみ》での布教を経《へ》て、57 歳のときに北陸の地に移る。そして、有力武士の朝倉敏景《あさくらとしかげ》の協力を得て、三方を北潟湖《きたがたこ》に囲まれた天然の要害の地に、吉崎御坊（福井県あわら市吉崎）を建立《こんりゅう》する。御坊本堂をはじめ、書院や僧堂、門番所などが建てられ、さらに、各地から参詣《さんけい》する信徒を泊める民宿が 200 軒近く建ち並ぶなど、吉崎御坊は一大拠点となった。蓮如自身が御文のなかで、「越前《えちぜん》の国加賀《かが》ざかい（中略）、この山中に経廻《けいかい》の男女、そのかずいく千万ということなし」と記していることからも、その盛況ぶりが窺《うかが》える。吉崎御坊での布教はわずか 4 年間であったが、生涯に書いた御文の約 3 分の 1 がこの時期のものであり、北陸の地に浄土真宗を根づかせる重要な期間だったと言える。

（上図）吉崎御坊復元図（『親鸞と蓮如』〔吉田桂三画、朝日新聞社刊〕より）
（写真）吉崎御坊本堂跡の石碑

どのようにして生まれたのでしょうか。

蓮如　君たちはさ、九〇年代に新宗教が脚光《きゃっこう》を浴びたように見えて、オウム事件が起きて、弾圧《だんあつ》されて、警察と戦うような感じで、一気に宗教法人法を改正されてさ。そして、宗教は下火《したび》になって、マスコミも、もう「宗教は悪」というレッテルを貼《は》り始めてねえ、（幸福の科学は）大講演会もやらなくなって、いったん〝潜《もぐ》った〟よな。

だから、オウムと一緒《いっしょ》に消えたんかなあと思うとったら、実は、そうではなくて、その間に金を貯《た》めて、「精舎《しょうじゃ》」をつくって、戦略基盤《きばん》をつくっとったんだろう？　まあ、それは考え方だわな。

うーん、比叡山《ひえいざん》の勢力も、東北、北陸のほうまで、そんなには及《およ》んでいたわけではないんでねえ。

まあ、今もあちらのほうが強いな。この前、君らが講演会やったんじゃなかったかなあ、どっかあちらのほうで。富山かな？

綾織　そうですね。最近では富山《とやま》で大川総裁の講演会がありました（二〇一六年三月二十七日、富山県の高岡《たかおか》市民会館で行《おこな》った講演「夢を実現する心」。『世界を導く日本の正義』〔幸福の科学出版刊〕第2章所収）。

蓮如　ああ、あちらのほうでやったと思うし、「（北陸は）真宗《しんしゅう》が強い」というふうなことを言っとったけどもねえ。

都《みやこ》から離《はな》れるとな、意外と、そういうふうに「反発する勢力」もいるものよ。だから、中央の政治、つまり京都の政治、および京都の何て言うか、〝背後霊《はいごれい》〟たる比叡山みたいなものかな、あれが牛耳《ぎゅうじ》ってるやり方に対する反発は、地方にはある。
今で言えば、これは「格差問題」だよ。地方と首都の格差？「経済的格差」、「政治的格差」、「環境《かんきょう》的格差」。格差問題を不満として弾《はじ》けさせて、「宗教による救済」のほうへ持ってくりゃ、こうなるわけさ。私はマルキストじゃないけどね。エ、ハハハハッ（笑）。
まあ、そういう不満は、地方と中央の間にある。だから、生活の基準が違《ちが》うし、税金は取られてばっかりだろう？

酒井　はい。

蓮如　何にも、いいことなんかない。今は、地方に金が少しは流れてくるけどさ、昔は、地方に金も出しゃあしないからね。「地方は地方で生活しろ。しかし、貢《みつ》ぎ物《もの》は京都に送れ」と、まあ、こういうことだからな。そらあ、腹は立ってはいたわな。

そういうのと、ちょっと融合《ゆうごう》した部分はあるから、宗教と言えば「宗教」だけど、政治と言や「政治」なんだよ。

酒井　うーん。

蓮如　だから、政治として、中央集権ないしは、そういう保守政権に対する反発として出てきているものと合一《ごういつ》しているわけだな。やっぱり、庶民《しょみん》がいちおうバックボーンにはいたのでね。「貴族」じゃなくて、バックボーンにいたのは「庶民」たちなので。

だから、税金を取られすぎて筵旗《むしろばた》を揚《あ》げてる連中が、「一向一揆《いっこういっき》」と言われてるじゃん。な？　戦国武将とも戦った。
彼ら（戦国武将）は、戦《いくさ》をするためには軍資金が欲《ほ》しいわな。ただ、軍資金のもとは、やっぱり、年貢《ねんぐ》だからさ。

斎藤　うーん。

蓮如　年貢を取り立てたいけど、あんまり一定以上を取ったら、農民が筵旗立てて、鋤《すき》や鎌《かま》を持って、武将に向かってでも戦いを挑《いど》んでくる。戦えば、武士はプロだから強いが、農民を全部殺したら百姓《ひゃくしょう》をする人がいなくなるからな。「武士が百姓をするんか」といったらできないから。まあ、戦いはできても、皆殺《みなごろ》しにはちょっとできない、微妙《びみょう》なところはあったね。だから、政治問題でもあったわけよ。「宗教問題」でもあるけど、「政治問題」

でもあった。

「鎌倉《かまくら》仏教は、マーケティングの宗教」

酒井　では、マーケティングという面から考えると、「そこに新たなマーケットを見いだされた」ということでよろしいのでしょうか。

蓮如　まあ、そうだな。

酒井　なるほど。

貧困層だったのかもしれませんが、農民層の、そうした格差を感じていた方々が、宗教的に不満足だったのか、あるいは政治的に不満足だったのかによって、御文《おふみ》で出していく教義も変えていかれたのでしょうか。どういうターゲットを狙《ねら》って、どういう教義を出していかれたのですか。

酒井　はい。

蓮如　だから、「奈良《なら》仏教」はインテリがターゲットだろ？

蓮如　まあ、昔の大学を出た人たちが教学をやってるような宗教だよな。そういう、インテリでプロの修行《しゅぎょう》を積んだ人たちが、お寺を持って教えるみたいな、いわゆる〝学校〟だわな。

だから、「平安仏教」もインテリと言えばインテリだけど、当時の中国渡《わた》り、つまり唐渡《とうわた》りの新しいお経《きょう》を弘《ひろ》める、あるいは密教《みっきょう》を弘めるっていうので。まあ、現代のニューヨークみたいな、そんな感じだろうかね。英語文化でも入ってきたような感じが、平安仏教だろうな。

「鎌倉仏教《かまくらぶっきょう》」は、それをいっそう庶民化していったものだけども、でも、いちばん強く弘がったのは、基本的には「武士階級」に根づいたものなので。鎌倉仏教の中心……、まあ、その同時代には、やっぱり武士階級と相性《あいしょう》のいい、禅宗《ぜんしゅう》とかが流行《はや》ってはおったわな。それは、「剣禅一如《けんぜんいちにょ》」の世界だな。剣をやるにも、精神修行が必要だからな。

まあ、そういうものが、たぶん中軸《ちゅうじく》にはあった。

それについていけない庶民は、一方では、念仏宗《ねんぶつしゅう》っていうのがあってね。とにかく、「教学ができなきゃいけないから、武士に生まれなきゃいけないっていうのでは、とてもやっていられない」という人たちだな。まあ、武士も一部いたけれども、そういう武士と農民とが合わさって、とにかく、極楽往生《ごくらくおうじょう》できればいいわけで。「難しい教学や、あるいは社会的地位がなくとも、成仏《じょうぶつ》できればいい」

日本の各時代に栄えた仏教

奈良仏教

奈良時代に平城京で栄えた仏教。南都六宗《なんとろくしゅう》（三論《さんろん》宗、成実《じょうじつ》宗、法相《ほっそう》宗、倶舎《くしゃ》宗、華厳《けごん》宗、律《りつ》宗）を指す。仏教教理の研究を行う学僧たちの集まりだったと言われる。

東大寺大仏殿（奈良県奈良市雑司町）

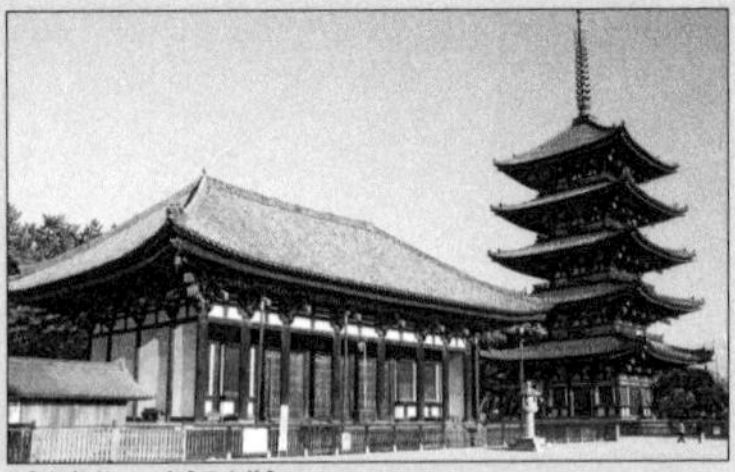

興福寺《こうふくじ》の東金堂《とうこんどう》と五重塔（奈良県奈良市登大路町）

平安仏教

空海が開いた真言《しんごん》宗と、最澄を宗祖とする日本天《てん》台《だい》宗が代表的。平安京において、主に貴族の間で広まった。
（右）空海
（左）最澄

鎌倉仏教

平安時代末期から鎌倉時代における仏教変革のなかで、新しく成立した新６宗派を指すことが多い。武士階級や一般庶民の間に広まったことが特徴。

宗派と開祖	
浄土《じょうど》宗	法然
浄土真《じょうどしん》宗	親鸞（本願寺８世 蓮如）
日蓮《にちれん》宗	日蓮
時《じ》宗	一遍
臨済《りんざい》宗	栄西
曹洞《そうとう》宗	道元

（右）日蓮像（長崎県長崎市本蓮寺）
（左）浄土真宗・東本願寺の御影《ごえい》堂門《どうもん》（京都府京都市下京区）

「厭離穢土《おんりえど》」「欣求浄土《ごんぐじょうど》」ということで、そういう念仏宗が流行ったわな。

また、これを否定する意味で、日蓮宗《にちれんしゅう》なるものが出てきてな、これも迫害《はくがい》を中心にして伝道した。迫害されると有名になるでな。

ただ、日蓮宗というのは、日蓮一人が奮闘《ふんとう》したが、日蓮だけではそれほど教勢が伸《の》びなかったので。結局、日蓮の書いたものもあるが、その不惜身命《ふしゃくしんみょう》の伝道行《ぎょう》を後世の人が守って、「行動論」を中心にして広がっていったのが日蓮宗だよな。

で、日蓮宗そのものは、念仏宗をまねたところはそうとうある。念仏宗が「南《な》無阿弥陀仏《むあみだぶつ》」と「一向一揆」に象徴《しょうちょう》されるものだったけれども、日蓮宗も、これに対抗《たいこう》する「南無妙法蓮華経《なむみょうほうれんげきょう》」と「来世《らいせ》の成仏」を約束した。あと、戦闘性がもう一段高かったかもしれないね。そういうところはあった。

まあ、われわれも受けたけれども、迫害を呼び込むような要素は、日蓮宗にはかなりあったわな。そういう意味では、世界的にいろいろある宗教の原型だね。

「まずは迫害を受けて……」っていう、あの原型を持っているものであったけれども、あと、「それを跳《は》ね返して広げられるかどうか」ということだわな。

まあ、日蓮宗から見れば、浄土宗も、あるいは浄土真宗も、「堕落《だらく》したものだ」ということではあったのだろうけどもねえ。

このへんは、鎌倉仏教は「マーケティングの宗教」ですね、だいたい全部ね。そのなかで今、本願寺《ほんがんじ》等も、「公称《こうしょう》一千万」と称しておるわけで、幸福の科学と変わらない勢力を示しているわけだけど。まあ、実数はお互《たが》いよく分かりませんが、どうだろうねえ。お墓《はか》があるとかいうふうな、檀家《だんか》という意味ではうちのほうが多いのかもしれないけれども、現実に、「社会的な影響力《えいきょうりょく》」とか、「信仰《しんこう》に目覚めて行動している人」っていう意味では、浄土真宗よりも幸福の科学のほうが力は上かもしれないので。特に、うちのほうが大きくて、おたくを教えるという立場にはないとは思うけどね。

4　発展する宗教の「組織づくり」とは

蓮如流「組織のつくり方」

酒井　当時、有名な「講《こう》」というものをつくられたと言われていますが、組織のつくり方は、どういうふうに発想されたのでしょうか。

蓮如　基本的にね、信仰心《しんこうしん》は必要だからね。

酒井　はい。

蓮如　そういう、信仰心は立てなきゃいかんね。信仰心を立てることで、やっぱり、組織をまとめ上げなきゃいけないわけで。だから、その組織を「一本の縄《なわ》」みたいにするだけでは駄目《だめ》で、中心には信仰心を置かないといけないんだけれども、これはやっぱり、「蜘蛛《くも》の巣」状に発展させなきゃいけないわけよ。

酒井　蜘蛛の巣状？

蓮如　うーん。蜘蛛の巣状に、四方八方《しほうはっぽう》に

浄土真宗を強固な布教組織にした「講《こう》」

急速に拡大する教団を組織化するために、蓮如は、本願寺の信徒同士の集会である「講」を一層魅力的なものへと変えていった。まず、「四海《しかい》の信心の人はみな兄弟」（『空善記《くうぜんき》』）という理念の下《もと》、「講」においては社会的な身分に関係なく、すべての信徒が同朋として平等に扱われた。
また、蓮如の御文を聞くだけではなく、飲酒や遊びも容認され、一種の社交の場としても親しまれていた。さらには、村の掟を決めたり、年貢《ねんぐ》についても話し合うなど、「講」は村落共同体として成長し、他村とも信仰で連帯するまでになった。「講」のリーダーたちは、信徒を引率して吉崎御坊を参詣《さんけい》することによって、蓮如を中心とした信仰組織が出来上がっていった。

中央からロープを張って、さらに横に張って、網《あみ》の目のように張っていかなきゃいかんのね。

こうういうね、「蜘蛛の巣状に組織を張ること」を、もうちょっと考えないといかんわけよ。

酒井　ほう。

蓮如　だから、一般《いっぱん》的には、事業部制風の「多角化路線」というのは、ちょっと頭がいろいろ分かれて、〝八岐大蛇《やまたのおろち》〟風になるわけね。

ただ、こうすると、けっこう信仰心のほうは薄《うす》れてねえ。みんなが自分中心というか、「自分が社長」みたいな気分になってやらせるんでしょ？

酒井　はい。

蓮如　だから、そういうふうになりがちであるので、〝八岐大蛇型経営〟をやっては、やっぱり駄目で。組織は多様化はするだろうけど、でも、その基本原理は、やっぱり、蜘蛛の巣状につくらないかんわけ。

酒井　蜘蛛の巣状ですか。

蓮如　うん。その中心点をはっきりして、糸がいっぱい出ていって、そこにすべてがつながっている。その周りに、糸と糸の間を崩《くず》さないように、細《こま》かい横糸でつないでいく。まあ、そういうもので「網」をつくっていく。大きな網、組織の網をつくって、ここを通過する蝶《ちょう》であろうと蜂《はち》であろうと蛾《が》であろうと、〝虫〟

は何でも捕《つか》まえる。「捕まえる」と言うと、現代的には嫌《いや》がられるだろうけども、結局、「布教《ふきょう》の網に引っ掛《か》かる」ということだよな、アッハッハッハッ（笑）。現代的にはそういうことになるなあ。

酒井　なるほど。

信徒の間をつなげるものとは何か

綾織　一つには、蓮如様ご本人が組織をつなげているということはあると思うのですが、「信徒の間のつながり」というのには、また別の原理があると思います。それは何だったのでしょうか。

蓮如　いや、それはねえ、「南無阿弥陀仏《なむあみだぶつ》」だよ。

綾織　ああ。

蓮如　だからね、もちろん一人で読んでもいいんだけども、みんなで集まって、どこかで十人、二十人と集まってね、「南無阿弥陀仏、南無阿弥陀仏」と百万遍《べん》唱《とな》えるわけよ。

それを一緒《いっしょ》になって集団で唱えてるとね、今、君らが見れば、ユダヤ教徒なんかが、体をこう（前後に）振《ふ》りながらやったりしてるでしょう。あるいは、クエーカー教徒なんかも、体を震《ふる》わせながらやったりするのがあるけど。あるいは、イスラム教徒なんかも、ちょっとそういうところがあるかな。『コーラン』（の読《どく》誦《じゅ》）を流して、みんなでこう、五体投地《ごたいとうち》風のをやるようなところがあると思うけど。

まあ、「『コーラン』で洗脳するか」、「南無阿弥陀仏で洗脳するか」みたいなものので、みんなで集団で、例えば、何十人かで「南無阿弥陀仏《ナムアミダブ》、南無阿弥陀仏」やってたらね、これ一時間もやってたら、みんなもう、共同幻想《げんそう》のなかに入ってきて、一体化していくわけよ。

綾織　うーん。

蓮如　だから、君らは、それがちょっと足りないんじゃないか。

綾織　ほう。

蓮如　やっぱり、みんなで集まってね、もうちょっと、「南無阿弥陀仏」に代わるもの……。「南無大川隆法」か、「南無正心法語《なむしょうしんほうご》」か何かでいいけど、支部に集まって、みんなで、集団でそれを三十分でも一時間でも唱えとるとね、もう快感になってきて、やっぱり行かんとおれなくなるわけよ。

酒井　なるほど。

蓮如　そういう、「行かないとおれないような習慣」をつくることが大事で。支部だとか、あるいは布教所だとか、まあ、いろいろあるんだろうと思うけど、やっぱり、そういう人が集まって「ワアッ」てね、みんなで陶酔《とうすい》感が出るところまでやらないかんから。

一定の音のリズムのなかで言い続けるとね、自分の発した声が耳から入って、自分が〝洗脳〟されていくわけね。

酒井　はい。

蓮如　これは何でも行けるわけよ。「南無妙法蓮華経《なむみょうほうれんげきょう》」でも行けるし、ほかのものでも大丈夫《だいじょうぶ》なんですが、これで全員を結びつけていくんですよ。「南無阿弥陀仏」、あるいは「南無妙法蓮華経」を唱えるということで、信者ということが確認されるわけです。

酒井　なるほど。

綾織　確かに、アメリカのメガチャーチなどでは、常に、行事のなかで音楽の演奏などが行われています。そこに参加しつつ、宗教的な内容も学びとして確認するというようなところがありますね。

蓮如　いや、音楽まで行かないかもしれないな。もう、「アーメン」だけかもしらんけどね、もしかしたら。「アーメン」なのかもしらんがなあ。

要するに、信者っていうのは、「バッジ」でもなければ、「会員証」でもなく、「お布施《ふせ》の額」でもなく、あるいは、「月々の振《ふ》り込《こ》み額」でもない。そういう、「共通のものを唱えたりするような者」が信者なんだよ。

そういうふうな捉《とら》え方をしないと、間違《まちが》いのもとなんですよ。

「暖簾分《のれんわ》け」に成功していない幸福の科学

酒井　もし、蓮如様が今世《こんぜ》、生まれ変わっているとして、幸福の科学を見た場合、どういう組織づくりをしたらよいでしょうか。というのも、当会の教義は「南無阿弥陀仏」ではありません。蓮如様であれば、幸福の科学において、どのように「連帯感」、「一体感」をつくられますでしょうか。

蓮如　まあ、「気の毒な組織だなあ」という感じはしてますわ。

暖簾《のれん》として、「大川隆法の暖簾」はあるのだろうと思うのですけど、「暖簾分《わ》け」ができてないわねえ。館長なり支部長なり、そういう者が暖簾分けができるところまで修行《しゅぎょう》ができていないよなあ。

板前《いたまえ》さんなら十年修行してたり、まあ、甘味処《かんみどころ》でも何でもいいけれども、そこと同じものがつくれるようになって偉《えら》くなったら、暖簾分けとなって独立していく。

あるいは、「とらや」なら「とらや」で、ほかのところに、ライバルにならないぐらいの距離《きょり》のところに店を出して、まあ、「とらや」がたくさんあることで、「とらや」自体の宣伝になるでしょ？　例えばね。

そういうふうに、「幸福の科学」というのが各地にあることで、それが宣伝になって広がっていくというのが、基本のスタイルだわね。

だけど、「(支部や精舎《しょうじゃ》を)出しても、そこに人が集まっていない」っていうなら、「暖簾分け」としては成功していない。要するに、「暖簾を受け継《つ》いだ方がマスターしていない」ということなのだろうと思うな。

別な言葉で言や、「教祖に似ていない」ということだよ。

教祖に似ていないのなら、似ていないなりのやり方を考えなければいけないわな。

酒井　例えば、それは、どのような……。

蓮如　だから、そういう、「行事作法《さほう》としての統一性」とか、「伝えるものの統一性」とかをやらなきゃいけないけど、月刊誌だろうと本だろうと、〝パラパラ〟じゃない？　全部ね。全部〝パラパラ〟だから、こんなもの広がるわけはないわ。

それは無理ですよ。「取り扱《あつか》いの統一規格」ができないと駄目ですね。「統一規格」、および、「各品目の売上目標」が立っていなきゃいけない。支部の利益目標なんかも、キチッと管理できなきゃいけないわな。

酒井　なるほど。

蓮如　だけど、できてないよ、まったくな。そらあ、君ら、修行が足りてないわ。

酒井　はい。

虚偽《きょぎ》報告は、全体の経営の企画《きかく》を間違《まちが》わせるもと

斎藤　今、「統一規格」や「売上目標」というお話が出ました。例えば、本や月刊誌も「パラパラしている」と。その「統一」とは、まず目標を明確化するということなのでしょうか。

蓮如　弟子《でし》に嘘《うそ》を言わすのをやめさせないといけないよ。虚偽《きょぎ》報告がいくらでもできるでしょ、宗教ってのは。なあ？「信者が増えた、増えた」って、いくらでも報告できるじゃない。

その虚偽報告のところな。これが、全体の経営の企画《きかく》を間違《まちが》わせるもとだな。

だから、正確でなきゃいけないわけよ、そこのところはな。

酒井　はい。

蓮如　「伝道を○○人しました」とかね。「献本《けんぽん》をしました」とか、「××人が説《せっ》法《ぽう》、法話《ほうわ》を聴《き》きました」とか言ってるが、ほとんどみんな、虚偽報告だろ？　あるいは、数字をつくろうと思えば、いくらでもつくれるだろ？

そういうことで、最後は……、だから、本部が支部を信じてないから。信じてるのは、まあ、君らは植福《しょくふく》って言うんだろ？

酒井　うーん。

蓮如　つまり、「献金の額」しか信じてないんだよ、総合本部のほうがな。だから、それだけが最後の目標になって、お金集めだけを目標に出す。

そうすると、結局ねえ、本も出ないし、説教もしないいんだよ。

「できるだけお金が集まるやり方をやるには、どうするか」というと、御本尊《ごほんぞん》だの何だのを出して、一体十万だ、三十万だ、百万だと取れるようなやつだけに力を入れて、あとはやらない。

でも、それでは本は広がらない。説法を聴く人も広がらない。〝細かい〟からね。小さいお金で、たくさん集めなきゃいけないから、面倒《めんどう》くさい。要するに、「大きな金のやつで、バカッと取れるほうがいい」ということだなあ。

宗教ではなくなる危険性を指摘《してき》する蓮如

蓮如　コンビニで言や、コンビニのなかに仏壇《ぶつだん》を置いて売ってるようなもんだわ。
例えば、コンビニのなかに仏壇が一つ入っていて、この仏壇が三百万と値段がついているとしようか。

考えてみろよ。三十坪《つぼ》ぐらいのコンビニに仏壇があるわけよ。一個売ったら三百万なんだよ、仏壇ってのは。な？

斎藤　分かりやすい……（笑）。

蓮如　三百万の仏壇を一個置いてて、あとはねえ、百円の缶《かん》コーヒーから、千円ぐらいのTシャツからさあ、何十円から何百円ぐらいの文房具《ぶんぼうぐ》から、こんなものばっかりいっぱいあるわけよ。コンビニには、品数《しなかず》が一万点もあってね、そのなかに三百万の仏壇が一個入ってるってわけよ。

（酒井を指して）君が店長だったら、どうする？　三百万の仏壇を売り込むことを考えるだろ？

酒井　はい。

蓮如　それだけ売れたら、あとは売れなくてもやっていける。だろ?

酒井　そうですね。

斎藤　分かりやすいたとえが、今……。

蓮如　な?　君らは、それをやってるんだよ、今。資金目標だけで言やあ、それで達成できるんだよ。それに、効率がいい。非常に効率がいいよなあ。

酒井　はい。

蓮如　実際、一万点も、ちっちゃい細かいものを売ってごらんよ。アイスクリームを売ったり、おでんを売ったりしてごらんよ。もうやってられない。仕事は忙《いそが》しいしね、「なるべく、人は一人でやれ」と、こう来るからな。たまったもんじゃない。労働強化だよな。

やっぱり、パーンッと三百万の仏壇を売り込んだら、あとは、もういいから。お金持ちだけを狙《ねら》って、そこにポンッと三百万のを売り込めば、もうあと、仕事はないよね。

だから広がらない。お客さんの数は増えないわな？　それだけのことだよ。

酒井　なるほど。

蓮如　「総合本部の戦略」と「支部にいる人たちの頭」と、両方とも駄目なんだよ。

三百万のものを売れば、コンビニとしては成り立つけど、実際はコンビニじゃなくていいわけですよ、それは。仏壇、仏具店で構わないわけなんだよな。

酒井　そうですね。

蓮如　それに、コンピュータを使いすぎると、まあ、今度は、アマゾン（ネット通販《つうはん》サイト）から仏壇を送ったって構わないわけよ。そうでしょ？

酒井　（苦笑）はい。

蓮如　無店舗《むてんぽ》販売だな？　あるいは、今で言うと、何だ？　楽天《らくてん》？

酒井　ええ。

蓮如　楽天で仏壇を売ってもいいわけよ。手数料を五パーセントぐらい取られるかもしらんけどさあ。

だけど、君ら、その代わり宗教はなくなるよ？　そう思わないか？

酒井　そうですね。

蓮如　楽天から仏壇を売る。そのほうが支部を開いて、支部長を置いて、職員を置くよりもいい。例えば、五パーセントの手数料を払《はら》えばよくて、こちらのほうが儲《もう》けが大きいとすると、君らは〝仏壇製造業〟、および〝販売業〟になって、それを〝流すだけ〟の存在になるわな。

酒井　なるほど。

5　経営サイドの「甘《あま》え」が顧客《こきゃく》の足を遠ざける

アットホームな感じをつくり、リピーターを増やせ

酒井　としますと、コンビニで言えば実店舗《じってんぽ》ですけれども、蓮如様だと吉崎御坊《よしざきごぼう》とか、そういう拠点《きょてん》を出すことは、どういう意味を持っているのでしょうか。

蓮如　やっぱり、「人が集まることによって、そこで何が生まれるか」っていう問題だわな。それがないと、やっぱり駄目《だめ》だわな。人が集まることによって、一種の「目的に向けての熱気」が出て、一種の「集団の情熱」みたいなのが盛り上がってくれれば、政治運動として転化することは可能だわな。

ただ、「コンビニの来客が一日で何人あったか」ということを考えるんじゃなくて、さっき言ったように、店長が仏壇《ぶつだん》を売ることしか頭にない状態だったら、これは政治運動には転化しないよね。

酒井　そうですね。

蓮如　これが、君らの政治運動が今、広がらない理由だな。

斎藤　確かに、蓮如様が熱気というものを非常に重視されたことを後代に伝えるエピソードとして、遠くから来られた方には、能狂言《のうきょうげん》を演じて喜ばせたり、夏には冷や酒、冬には熱燗《あつかん》を出して飲ませてあげたりしたと伺《うかが》っています。現代的に言えば、「サービス」が非常に徹底《てってい》していて、信徒が喜んだことがあったという話を聞いているのですが。

蓮如　現代的に言えば、何だろう？　それは、京都の人が言う「おもてなし」かもしらんし、サービスと言やあ、対面サービスではあるが、もっと言えば、それは、「リピーターを増やす」ということになるわな。

斎藤　リピーターを増やす？

蓮如　うん。コンビニでもさ、「おはようございます」とか、「行ってらっしゃいませ」とか、「お帰りなさいませ」とか言ったりするところもあるだろう？

斎藤　はい。

蓮如　そういうふうなかたちで、「自分の家のような気持ちにさせていく」っていうのが、何度も何度も来させる術《じゅつ》でしょ。支部とかでも、そういうふうに、「おはようございます」、「行ってらっしゃいませ」、「お帰りなさい」みたいな感じで、アットホームな感じをつくっていくことによって、どんどんみんなが来やすいようにしていかなきゃいけない。

だけど、行けば税務署みたいな感じで睨《にら》まれると、だんだん……、まあ、税務署には入りたくないでしょ？

酒井　そうですね。

蓮如　絶対、入りたくないよね。

斎藤　税務署には入りたくないですね。

蓮如　税務署とか、病院のガン病棟《びょうとう》とかには、絶対、入りたくない。

酒井・斎藤　（苦笑）

蓮如　みんな、そうなんですよ。待ってるのは恐怖《きょうふ》だわな。恐怖しか待ってないから。

斎藤　そのとおりです。

「君たちの信仰心《しんこうしん》は、社長に対する忠誠心《ちゅうせいしん》レベルでしかない」

酒井　ただ、宗教ではなくても、例えば、コンビニであっても、大きいスーパーであっても、「何かを売らないといけない」という……。

蓮如　まあ、そらあ、そうだ。

酒井　そういったところでも発展するところがあったり、発展しないところがあったり、集客できたり、できなかったりしますが、このあたりの違《ちが》いは、どこにあるのでしょうか。何か違いがありますよね?

蓮如　それはね、やっぱり、「弟子《でし》の信仰心《しんこうしん》」のところだと思うな。弟子にねえ、信仰心がないんだよ、はっきり言って。
君たちの信仰心はね、会社の社長に対する「忠誠心《ちゅうせいしん》レベル」でしかないんだよ、はっきり言えば。
本当はねえ、社長がカリスマ的に働いてるから、その〝おこぼれ〟を分配《ぶんぱい》することばっかりに専念してるのさ。だから、駄目なんだよ。

酒井　なるほど。

蓮如　できるだけサボりながら分配を受けようとしているので、実は、君たちはね、教えの反対で、「奪《うば》う愛」に熱中してるんだよ。「与《あた》える愛」なんて、とんでもない。どうやって分割《ぶんかつ》するかっていう〝分割愛〟に今、君らは燃えているのよ。
「カリスマ社長が稼《かせ》いだ額をいかにうまく分配するか」っていうことに夢中なん

だよ。

支部を出せば出すほど分割が増えるから、分配が増えるから。だから、苦しくなってくるのよ。

酒井　なるほど。

「中途半端《ちゅうとはんぱ》に企業《きぎょう》の原理を採用している」という指摘《してき》

綾織　非常に厳しいお言葉を頂いているのですが……。

蓮如　厳しいことを言わないと、勉強にならないでしょう。

綾織　はい。ありがとうございます。

当時の浄土真宗《じょうどしんしゅう》と幸福の科学の違いを考えると、やはり、浄土真宗の場合は、「御文《おふみ》」と「念仏《ねんぶつ》」を広げていくという部分があると思うのですが、幸福の科学の場合は、その御文に当たるものがたくさんあります。教えとして何千という法が説かれていますし、「霊言《れいげん》」というかたちで霊界《れいかい》の証明をしつつ、新しい啓蒙《けいもう》活動として、日々、新しい法が説かれています。

これを、先ほどおっしゃった、網《あみ》の目の部分で生かしていくためには、どのようにしていけばいいのかについて、アドバイスを頂ければと思います。

蓮如　うーん……。ある意味では、〝中途半端《ちゅうとはんぱ》〟に企業《きぎょう》化しすぎているのかなあ。企業の原理を〝中途半端〟に採用しすぎていて、「商品のような気持ち」でいるんじゃないかな。出してる本とかな、教えのＤＶＤとかＣＤとか、いろいろあるけどさ。〝商品〟として見ているところがあるようには見えるね。中途半端にそんな感じかなあ。

最初のころの伝道の責任者がそうであったから、目標の数値管理を一生懸命《いっしょうけんめい》やっておったんだろうけど。

それは大事かもしらんが、「信者のほうに直接、数値管理された目標だけが来る」みたいなのは、やっぱり、「宗教としては邪道《じゃどう》なんだ」っていうことを知らなきゃいけないよね。

全国に店を持ってるような企業もあろうし、それは、全社としての売上目標があろうよ。社長から社員に出ている売上目標として、各部のノルマや支店のノルマはあろう。

しかし、これは、お客さんのノルマじゃないんだよ。お客様はね、「ここの店で、今月幾《いく》ら売らなければいけない」とか、あるいは一日か……。

まあ、例えば、一日五十万円売らなきゃいけないとして、「お客さん！　各人に、毎日五十万円のノルマがあるんですよ」って、それは無理でしょう。だって、（お客様は）ほかのところへ行ったっていいんだし、そこで買わなくてもいいわけですから。

だけど、君らは、それをやってるわな。

斎藤　うーん。

蓮如　そのへんが甘《あま》いんだよな。企業のまねをしながら、企業よりも「甘えの部分」がそうとうあるわけよ。企業では、内部のものとして受け止めて、お客様に、「私は、ノルマがあと幾らで達成なので、お願いします」なんてことは、ちょっとなかなか、よっぽどでもないかぎり。まあ、「よっぽど信頼《しんらい》関係がある」っていうぐらいになったら言えるかもしらんけど、普通《ふつう》は言えんわな。

斎藤　はい。

蓮如　「今日のノルマがあと幾らで、今月のノルマがあと幾らですから、ご協力お願いします」と、これが言えるかっていったら、それは言えんわな。

でも、君らはそれを平気で言う。支部でやっている。ね？　これが「アウト」の理由なんだよ。

要するに、〝生半可《なまはんか》〟な企業論でやっているから駄目なんだよなあ。

そういうところで、信者の信仰心が失われていく。「数値即《そく》信仰」なんていう、そういう〝教え〟を説いたやつは、もうほんとに地獄《じごく》に堕《お》ちてもらわなきゃいけないんで。

「数値即信仰」は経営者の論理で、経営者のほうが、それをつかんでなければいけないところはあるけれども、あるいは、経営幹部はつかんでなきゃいけないところはあるけれども、それを、そのまま流してはいけないんであって。

それを、もうちょっと宗教的な言葉で説得しなければいけないんです。「まだ信心《しんじん》が足りません」というようなことを言わなければいけないわけだし、社長に対するロイヤリティーではなくて、やっぱり、「神様に対する信仰心が足りていない」という言い方をしなければいけないわけですね。

「自分を甘《あま》やかす心がたくさんあるうちは駄目《だめ》」

蓮如　それをね、何か、すぐ〝自分に対する信仰心〟みたいにしようとする気《け》があるわけよ。

斎藤　うーん。

蓮如　暖簾《のれん》分けされた気持ちで、すぐ、「支部に来ないやつには支部長に対する信仰心がない」みたいな言い方をして、自分の仕事のずさんさは棚《たな》に上げてやっておるわけさ。

例えば、何でもいいよ。まあ、ユニクロならユニクロでもいいわ。今、広がってるから。

ユニクロの店長なんていうのは、若い人がやっとるよ。一枚千円ぐらいのもんだからさ。若い人で、Tシャツやジーンズが似合うような人が売ってると思うけども、「ユニクロに来なくなったのは、おまえ（お客さん）の信仰心が足りんからや」と言ったって、なかなか……。そりゃあ、ほかのところで買ったって、別に構わんし、買わなくてもいいしねえ。

だから、そういうわけにはいかないわけで、〝麻薬《まやく》性〟があるように、お客さんがリピートしてそれを着たくなるように、企業であっても、（お客さんを）ある意味で、一種の信者にしなきゃいけないわけよ。な？

斎藤　はい。

蓮如　パナソニックのブランドにするか、ソニーのブランドにするか、シャープのブランドにするかってのは、人がバラバラに買ってるなかで、サービスがよかったりすると、そこにお客さんがだんだん集中していく。

車だって、トヨタにするか、日産《にっさん》にするか、ホンダにするか、その他にするか、いろいろあるけどもね。使ってみて、乗り心地《ごこち》がよかったとか、あとのメンテナンスがよかったとかね、実際に燃費《ねんぴ》がよかったとか、こういうことがあるわけでしょ？

例えば、「燃費がいいというのを宣伝文句《もんく》で張っていたのに、実際は嘘《うそ》であって、燃費がよくなかった」みたいなのがマスコミ的に剝《は》がされると、社会的に糾《きゅう》弾《だん》されて売上が急にダウンして、経営の危機が来るようなこともあるわな。これは、「誠実でなかった」というところかな。

そういうことで、「どうしたら、そうなりますか」と言われましても、自分を甘《あま》やかすような心がいっぱいあるうちは、それは駄目《だめ》でしょうな。

6 「伝統宗教の危機」と「生き残り戦略」

「アマゾンによるお坊《ぼう》さんの宅配」が意味すること

綾織　先ほど、「暖簾《のれん》分け」というお言葉がありました。蓮如様が考えられる暖簾分けの条件、独立してやっていけるために必要な「弟子《でし》の条件」というのは、どういうものだったのでしょうか。

蓮如　今はどこの宗教もそうだけど、本山に権威《けんい》を持たせてはいるわな。「権威を持たせて、そこで修行《しゅぎょう》して、〝免許皆伝《めんきょかいでん》〟になって、帰って、お寺をやって、毎年の奉納《ほうのう》を入れていく」というところは一緒《いっしょ》だけどね。ただ、収入が少なくなってくると、その奉納ができなくなってくるわけだけど。

うーん……。基本的にみんな、今、修行を嫌《いや》がってるからね。今は、お寺の坊《ぼう》さんも、修行したからといって、それほど「功徳《くどく》がない人」が多くなってきてるから。まあ、実際、廃《すた》れてるよ。

学校の教員なんかをやりながら、片手間に土日だけやってるような者が多くなってるんで。お寺の相続税がかからないようにね、お寺と境内《けいだい》を受け継《つ》ぐためだけに僧侶《そうりょ》をやってるような感じはあるし。

それに、人の葬式《そうしき》に〝ノルマ〟は課せられないよね。「うちのお寺で、何人、死んでもらわないと困るんです」って言うわけには、やっぱりいきませんから。

まあ、そういうわけにはいかないので、実際、厳しいだろうねえ。

やっぱり、宗教は、「品数《しなかず》」はそんなにはないんだよな。だから、間違《まちが》っちゃいけないことは、お寺系の場合はですねえ……。特に、新宗教は企業家《きぎょうか》が多くて、企業を経験してやってる人が多いから、企業の論理が多いんですけどね、あんまりありがたくないんだよね。

それで、コンピュータ管理が入ると思うんだけど、これもまた気をつけないと「お寺は死ぬパターン」だわな。数多い品目等の売上計算をしたり、全国をつないで集計したりするのには、コンピュータは便利な道具だけどね。ただ、かなり、お寺がコンピュータ業者に攻《せ》め込《こ》まれているわな、今。

先ほどのアマゾンのやつで言えば、仏壇《ぶつだん》じゃないけど、「●アマゾンによるお坊さんの宅配」みたいなのが始まって、ちょっとこれは社会問題になった。とうとう、信仰心《しんこうしん》の要《い》らない世界に、「サービス業」と化してなあ。

もう、これは、家政婦派遣業《はけんぎょう》とかな、ダニ駆除《くじょ》業者を送り込むのとか、こんなのと変わらない。「お坊さん、派遣します」「手配します」みたいになってきたら、「お経《きょう》を上げて、幾《いく》ら包んでもらうか」みたいなカルチャーは崩《くず》れてくるわ

●**アマゾンによるお坊さんの宅配**　2015年12月、アマゾンジャパンを通じた僧侶の派遣サービスが始まった。これに対し、全日本仏教会は、「宗教行為をサービスとして商品にしている。宗教に対する姿勢に疑問と失望を禁じえない」と批判。販売中止を求める要望書を送っている。

な。定額制になって……、定価になってくるし。

それから、今はあれだろ？　お寺もさ、いちばん疲《つか》れるのは、死んだ人の生前の仕事を聞いて、名前を見て、徳を聞いて、法名《ほうみょう》（戒名《かいみょう》）をつくったりするところでな。けっこうそれで、百万、二百万、三百万と、法名代が入る。法名で格があって、「院殿《いんでん》」とか、「院殿大居士《だいこじ》」とか、いろいろ付けて値段が変わってくるので儲《もう》けてた。それが、今、コンピュータ会社がソフトをつくってくれてね、生前のその人の経歴等を打ち込んだら適当な漢字の組み合わせが出てきて、法名を出してくれる。パーッと自動的に出してくれるね。

こうなると、「何百万が取れるかどうか」ということになってくるよね。コンピュータソフトで法名が出てきてるのを知ってしまうとさあ、だんだん取れなくなるわなあ。最初は三百万と言うたのが、三十万になり、三十万が一万になり、一万が五千円になりと、だんだん下がってくるわなあ。

いや、こういうことは、〝怖《こわ》い〟ことだろうねえ。

さらには、お寺が、インターネットによる人生相談をやってるとかな。「お寺カフェ」で、人生相談を聞くとかね。もうみんな、基本的に〝タダ〟になっていくカルチャーよ。こういうのに、完全に引っ掛《か》かってるからさ。

君らはまだ粘《ねば》ってるほうかもしらんけど、ほかのところは引っ掛かってきてるから。これは今、全部「廃業《はいぎょう》の危機」が近づいていると思わなきゃいけないわな。

「貧しくなってくると、唯物論《ゆいぶつろん》が流行《はや》る」

斎藤　今、「甘《あま》えがあって、どんどん廃業の危機になっていく」というお話を聞きました。そこで、身近なところについてお訊《き》きしたいと思います。

大川総裁の事前の解説にもありましたが、蓮如様は二十七歳《さい》でご結婚《けっこん》なさってから、非常にエネルギッシュというか、五人の奥様《おくさま》がいらっしゃいました。もちろん、「いっぺんに五人」というわけではなく、一人ずつお亡《な》くなりになってしまったんですけど。
蓮如　まあ、産《う》みすぎて死んでいくわけよ。
斎藤　（苦笑）そうですね。一人で五人、一人で七人と産んではご帰天《きてん》されました。たくさん産んで、順番にお亡くなりになっており、調べてみたら、十三男、十四女、計二十七人のお子様がいらっしゃったそうです。そして、すべての方を、布教《ふきょう》の要《かなめ》として、布石になるように、お寺に送り込まれておりました。
「厳しさ」という面から、どのようにお子様たちを教育なさったり、期待をかけられたりしたのでしょうか。そのあたりの手触《てざわ》りというか、要諦《ようてい》のようなものがございましたら、ぜひ参考にさせていただきたいと思います。

蓮如　まあ、「敵がいる」ということは大きいね。敵、あるいは、現代的にはライバルかもしらんけどもね。ほかの教団もあるしね。それから、政治、あるいは武将とかね。

そういう敵がいるということはね、身を護《まも》らないかんから、自然界でもそれは、動物でも巨大《きょだい》化するでしょ、やっぱりね。餌《えさ》が限られていたら取り合いはするしね。

今よりも、もっともっと貧しい時代ですからね。複数のお寺を兼《か》ねるほど、みんな裕福《ゆうふく》ではないしね。

やっぱり、貧しくなってくるとね、君ら、今、気をつけないかんけど、唯物論《ゆいぶつろん》が流行《はや》るよ。お寺や神社、教会にお世話にならんほうが、人生、安上がりだからね。

だから、生涯《しょうがい》賃金、あるいは年収が減ってくれば、こういうものを、できるだけスキップしようとし始めるわな。教会で結婚式を挙げると高いのなら、友達だけでやるとかな。まあ、そういうこともあるし。「お寺でお金を取られるのがもったいない」とかになってくるわなあ。

こういう、「ディスカウント」というのが、いろんなもので流行ってくるので、だんだん手軽になってくる。葬式をやらないで、焼き場で焼くのはしかたがないとしても、あとそれを、例えば東京湾《わん》クルーズに行って撒《ま》いてくる。

斎藤　はい。

蓮如　クルーズ代金っていったら、まあ、数千円だわな。葬儀《そうぎ》、要らないねえ。そういうことになるしさ。

結婚式なんかも、もうしなくなって、披露宴《ひろうえん》だけするとかやって、だんだん鞘《さや》抜《ぬ》きで外されようとしてきてるわな。

そういう意味で、サバイバル戦略っていうか、生き残り戦略として、そのへんは一本、精神を通さないと難しいわな。

当時の浄土真宗《じょうどしんしゅう》は行動と戦闘《せんとう》の宗教だった

蓮如　だから、私らのところは、蓮如と同じように、「如《にょ》」が付いてね、ちょっと「暖簾《のれん》」みたいになるところはあったけどね。まあ、「如」が付けばいける。

これは、もともと、「真如《しんにょ》」から来てるわけだけどね。真如っていうのは、仏教的には「真理」のことだけど、「仏は真如から来るもんだ」っていう考えはあるわけ。それで付けてるわけだけど、まあ、資格だな。

剣《けん》の道場で言やあ、印可《いんか》を与《あた》える、免状を与える。免許皆伝《めんきょかいでん》だな。それを与えるってことだろうけどね。
でも、とりあえずは、うちは言ったら、「行動の宗教」的なところはあったかな。「行動」と「戦闘《せんとう》」。

斎藤　「行動と戦闘の宗教」ですか？

蓮如　うん、行動と戦闘だな。

斎藤　はあ。

酒井　一揆《いっき》とかもありましたね。

「石山合戦絵伝 第一幅」
（成宗寺蔵）の一部

鳥越《とりごえ》城跡に立つ石垣と本丸の枡形門（石川県白山市）。鳥越城は、加賀一向一揆の最後の拠点だった。

加賀の一向一揆

1474 年頃から 1580 年にかけて、加賀国の本願寺信徒たちが中心となって蜂起した一揆。1474 年、吉崎の地で教勢を拡大していた蓮如は、守護・富樫《とがし》家の内紛に巻き込まれて、富樫政親《まさちか》側を支援。対立する富樫幸《こう》千代《ちよ》は、浄土真宗の高田派と組んで内戦状態となるが、政親側が勝利する。翌年、蓮如は吉崎御坊を去るが、今度は富樫政親と本願寺信徒たちの間で衝突が起こり、1488 年に一揆軍が勝利。以後、約 100 年間にわたって、加賀国は本願寺信徒が治める国となった。

しかし、戦国時代に入ると、勢力を拡大した織田信長《おだのぶなが》と本願寺勢力が各地で衝突。特に、当時、本願寺 11 世の顕如《けんにょ》が立て籠《こ》もった石山御坊（大阪市中央区）における織田軍との戦い（石山合戦）は、1570 年から 80 年までの 10 年間にも及んだ。この戦いに勝利した織田軍は、続いて、加賀国における本願寺の本拠・金沢御坊を陥落させ、ついに一揆は解体されることとなった。

斎藤　ああ、一向一揆《いっこういっき》があったから。

蓮如　だから、戦闘心はあったし、日蓮宗《にちれんしゅう》からも、そうとう攻撃《こうげき》は受けておるからね。日蓮宗のほうからも、さんざんな攻撃を受けて、やっておりますので。あっちも「戦闘性」が非常に強かったですから。まあ、負けない。潰《つぶ》そうとしてましたからな。念仏宗《ねんぶつしゅう》あたりをいちばん〝やばい〟と見て、あちらは潰そうとやってきて、〝看板〟を掛け替《か》えてきますので、こっちも負けるわけにはいきません。

どっちかというと、日蓮宗系は、一刀流で斬《き》り込んでくる感じの戦い方をするのに対して、私たちは、なんかねえ、漁師が網《あみ》を持って侵入者《しんにゅうしゃ》を押《お》さえ込むような感じかなあ。アッハッハッハッハッハッ（笑）。

蓮如が指摘《してき》する「経営判断」の基準

酒井　そういった強い組織が出来上がったと思いますし、それが、蜘蛛《くも》の巣状の組織なんでしょうけれども、そのなかで、「情報の扱《あつか》い方」は、どのようなものだったのでしょうか。

先ほど、「当会の報告が正確ではない」というご指摘《してき》もありましたが、「現地の情報がきちんと中枢《ちゅうすう》に伝わっていくかどうか」というあたりを、どうやってつかむのかについて、お聞きしたいと思います。

蓮如　いやあ、それぞれお寺を出したら、そりゃあ、「広げる」っていうのは、これは仕事でしょ？　だから、それは広げたらいいわけよ。これについて、別に言うことはないわけで、広げりゃいいわけです。

ただ、いろいろと判断に迷うことがあるからさ。これに対して、あなたがたで「イエス」「ノー」な、まあ、「それをやれ」と言うか、「やめろ」と言うかの判断な。これが経営判断なわけだ。

酒井　はい。

蓮如　君らの組織を見たらさ、その経営判断のところができてないからね。だから、縦のラインがすごく長くて、命令系統がそうとうあるだろ？　十も二十もあるはずだよ。

それで、基本的に分からないことは「ノー」と言うからさ。「やってはいけない」ばっかりを積み重ねてきているから、大きくならないのさ。

企画力もなければ、自主的な活動も起きない。全部、「伺《うかが》い」になる。

だから、信者がやろうとしても、支部長に訊く。支部長は自分では判断できなかったら、地方本部長に訊く。地方本部長が総合本部に訊いてくれてるかっていったら、だいたい訊いてくれてなくて、「まずはやめとけ」ということで、「やめとけ」と言う。その前は支部長の判断で、「やめとけ」と言う。

そういうことで、とりあえずお金を集めることは「善」。それ以外については「ノー」。これが基本のやり方だな。

だから、君らは、経営判断していない。やっぱり、一個一個のそういう判断の積み重ねが、「組織の限界」をつくるんだな。

酒井　なるほど。

「判断できる組織にしていく」ためには、どう変えていけばいいんでしょうか。

蓮如　簡単なんだよ。そりゃあ、簡単でね、「教団にとって、プラスかマイナスか」だけなんだよ。それだけ考えればいいのさ。

酒井　はい。

蓮如　ただ、「教団にとって、プラスかマイナスか」っていうのを、君らは、〝損得の、経理上の感覚だけ〟で、プラスかマイナスかを考えてるところがあるので、やっぱり、この意識を変える必要があるわな。

本が広がることが、どれだけ大事か。あるいは、御法話《ごほうわ》の拝聴《はいちょう》をする人が増えるってことは、どういうことか。これ、ほんとに分かってるかどうか、私は訊きたいわな。「拝聴者が増える」ってことは、「真理を学んだ人が増える」ってことだよなあ。

だから、阻害《そがい》要因になってる面は、そうとうあるんじゃないですかね。最後は、そういうスタイルであればね、今みたいな「支部を広げてやる」っていうスタイルは効率が悪すぎるんで、「アマゾン型」に変えればいいわけよ。各地に信者登録した人がいたら、あとは、カタログで送れば、それで済むわけ。注文してもらって配送すれば済むわけで。

酒井　そうですね。しかし、そうであると、蓮如様のような組織はつくれないということになりますよね。

蓮如　そう、つくれないよ。だから、「つくれないんだったら」ということさ。

酒井　それは、浄土真宗《じょうどしんしゅう》で言えば、「いずれ、親鸞聖人《しんらんしょうにん》のころの教団に戻《もど》る」ということを意味しますよね。

蓮如　そうなりましょうね。それは、「競争に敗れる」ということだわね。

だから、日蓮宗なんかは、〝道場破り〟をして、お寺を増やす。

要するに、「自分らでお金を集めて、寺を建てて、信者を集めて、教育して、そこに信者組織をつくる」っていうんじゃなくて、ほかのところに道場破りをして、禅宗《ぜんしゅう》であろうが、律宗《りっしゅう》であろうが、真言宗《しんごんしゅう》であろうが、念仏宗であろうが、そこに行って法戦《ほうせん》を挑《いど》んで、道場破りをする。剣の修行と一緒だよな。

道場破りをして、それで向こうが法戦で負けたら、看板を外して、日蓮宗の寺に掛け替えて「弟子になれ」と、こう来る。

要するに、「土地」、「建物」、「信者」、丸ごとごっそり持っていくのが日蓮宗で、それで大きくなってる。現代的に言えば、M&Aをやってるわけね。

宗教が「新規マーケット」を開拓《かいたく》していくには

酒井　現代的にアドバイスを頂けるとしたら、どうでしょうか。現代の宗教が、新規マーケットを開拓《かいたく》していくための、新しい考え方なり、武器なりを教えていただければと思うのですが。

蓮如　新興宗教のマーケットは、せいぜい二千万と言われているし、このなかで、人はいっぱい動いているでしょうから。もちろん、このなかで取ることもあるし。旧宗教は、数え方はいろいろで、「全部足し上げりゃ、二億人もいる」という説もあるけども、信仰心はないわな。

だから、お布施《ふせ》の額で考えれば、神社仏閣《ぶっかく》っていったって、一人十円、二十円のお賽銭《さいせん》で、百円もあればいいほうだわな。そういうことなんで。

まあ、〝兼任《けんにん》〟してるからね、キリスト教も、仏教も、神道《しんとう》もね。だから、冠《かん》婚葬祭《こんそうさい》のところさえ解決してくれれば、もうほとんど要らなくなる寸前ではあろうから。

やはり、多少なりともそういう、新宗教にいるか、あるいは、旧宗教であれば、何らかの、まあ、七五三《しちごさん》に行くとか、初詣《はつもうで》に行くとか、葬式をやるとか、「結婚式は洋式で」と言ってるとか、いろんなのがあるけどね。こういう、多少なりとも宗教にかかわっとる者なんかは、いちおう引きずり込むのは基本スタイルではあろうかとは思うけど。

あと、「まったく宗教が嫌《きら》いで、アンチでいる」ってやつは、手間がすごくかかるわね。だから、基本的には、なるべく（自分たちの）勢力を増やしていかないと、アンチのほうの勢力とだけぶつかっていたら、「消耗《しょうもう》はするけど、なかなか数は増えない」というところはあるわな。

7　幸福の科学の「運営システムの問題点」を指摘《してき》する

弟子《でし》が「人生相談」に対応できていない現状を厳しく指摘《してき》

斎藤　今、新規マーケットの話になっていますけれども、幸福の科学では、大川隆法総裁が、立宗《りっしゅう》以来、「人生は一冊の問題集である」という考え方を打ち出しながら、自分で悩《なや》みを解決していく法をお伝えしていました。

新規マーケットとして、今、「悩み」のなかにあって、「救い」を求めている方がいらっしゃると思いますけれども、蓮如様から見て、そうした方々を、キリスト教風に言えば、どういうふうにして〝漁《すなど》って〟いけばよいのでしょうか。

蓮如　最初のうちはそれでよかったのかもしらんけど、「人生は一冊の問題集」なんていうのはね、これは、君ら弟子《でし》のほうから言えば、〝逃《に》げ言葉〟にしかすぎないいんじゃないですか。ええっ？

悩み相談に来て、「人生は一冊の問題集です。考えてください」って、逃げ言葉にしかすぎないいんじゃないですか。これはね、信者を追い返すための〝悟《さと》りの言葉〟ですよ。

斎藤　（苦笑）そうですか。ちょっと、「目から鱗《うろこ》」で……。

蓮如　いや、これは、信者に相談に来られないための〝免罪符《めんざいふ》〟ですよ。

斎藤　ええっ？

では、蓮如様は、これをどういうふうに解釈《かいしゃく》されているのですか。

蓮如　君らがそれを安易《あんい》に使うから。「人生は一冊の問題集です。考えてください。自分の修行《しゅぎょう》です。自分のカルマとは自分で戦ってください」。そんなの、お寺、要《い》らんじゃん。

斎藤　はあ。ただ、悩んでいる方々を目の前にした場合、言ってみれば、魂《たましい》が苦しんでいる病人のような方ですから、例えば、病院の医師や看護師、あるいは、救急隊だったら、どんなふうにして……。

蓮如　大川隆法は、病院長としては、病気に合わせた治療《ちりょう》の仕方とか薬とか、いろいろ書いていているんだと思うんですよ。それが、説法《せっぽう》や本になってると思う。

斎藤　今、二千冊になっています（二〇一六年十月現在、二千百冊を超《こ》える）。

蓮如　ただ、（弟子の）頭が悪いために、〝無認可医療〟をいっぱいやっとるわけよ。

斎藤　（苦笑）無認可医療ですか。厳しいですね。

蓮如　医師の国家試験、看護師の国家試験を通ってない人たちがやってて、「やっぱり、人生は一冊の問題集です」って、まあ、やってるわけよ。駄目《だめ》なんだよ。それではね、駄目なんです。それは駄目なんですよ。駄目なんです。やっぱり、何か発明しなきゃ駄目なんですよ！

まあ、「南無《なむ》エル・カンターレ」という言い方がいいかどうかは、ちょっと私は、もうひとつ分からないんですけどね。

やっぱり、「『エル・カンターレよ。われと共にあってください』、あるいは『エル・カンターレよ。私をお救いください』という言葉を、毎晩唱えなさい」というふうなことを教え込《こ》まないと。

斎藤　なるほど。

蓮如　「人生は一冊の問題集」では駄目です。それは駄目ですわ。逃がした……、逃がした、それは。

酒井　逃がした……。

斎藤　「主と一体である」とか、「共に戦いたまえ」とか、そういうふうな……。

蓮如　だからね、中学受験でね、「ここを受けたいんですけど」って言ったら、「人生は一冊の問題集なんだ。自分で勉強しなさい」と。これは駄目だよ。塾《じゅく》業者としてはそれは駄目なんです。

「当塾においては、毎週日曜にテストがあって、こういうふうなカリキュラムができていて、これをこなしていけば自動的に合格するようになっております」とかですねえ。

斎藤　はあー。

蓮如　「当塾では、毎回毎回、新しいテキストをお渡《わた》ししています。これを持ち帰ってやれば、それでいけるし、それが難しければ、プロの家庭教師も派遣《はけん》できます。当塾のOBたちがおりますので、彼らを手配して派遣します。応用問題は、この家庭教師に教わって、やっておいてください」と言って、システムを組んでいくのが今のやり方だわな。

逃がしたらいかんわけよ。

酒井　なるほど。かなり逃がしているということですね。

弟子《でし》は、「〝自分たちの兵法〟を勝手に生み出している」

酒井　先ほど、「弟子が暖簾《のれん》分けできるところまで修行ができていない」というお話がありましたが、弟子の下手《へた》な頑張《がんば》りが阻害《そがい》している可能性もあるのですか。

難しくしているというか。

蓮如　いやあ、そんなの、二千冊も出すからよ。マスターできるわけないじゃん。

質問者一同　（苦笑）

蓮如　だから、カレー屋だったら、カレーだけでも、同じ味がつくれるまでに何年か、かかるんじゃないか。

酒井　はい。

蓮如　うどん屋でどうだい？　うどんをつくって出すのに、もし、麺《めん》からつくって、出汁《だし》をつくって出すなら、暖簾分けさせるまでに、やっぱり何年かの修行は要求するんじゃないかね。

そういう単品で、そんなもんですからね。

酒井　うーん。

蓮如　そらあ、二千冊も本があったら、そんなもん、独立できるわけがないじゃないですか。だから、それを全部マスターするよりは、〝手抜《てぬ》き〟を考えるようになりますよ。必ず、手抜きを考えるんです。「いかにして楽にやれるか」を考えるようになる。

斎藤　なるほど。その方の未来を見て、一人ずつ、「今、あなたには、この教えが必要であって、こうしたらいいですよ」というふうに提案したりとか、寄り添《そ》って提供したりするという姿勢がなくて、「自分なりにバーッとやって、流しちゃってる」みたいな感じに見えるんでしょうか。

蓮如　だから、もうハエみたいにいっぱい繁殖《はんしょく》してるわけよ、たくさんの商品が。で、実際に弟子がやってることはね、「数少ない高額商品を売り込んで、一年間を過ぎ越《こ》す」と。まあ、〝自分たちの兵法〟を勝手に生み出してるんだよ。

斎藤　それは、仏の意に適《かな》っていないということでしょうか。それは、例えば、「仏陀《ぶっだ》が、八万四千《はちまんしせん》の教えを説いても、弟子として、それぞれの機根《きこん》に合わせて伝えるようには、今、できていない」という指摘《してき》だと思いますけれども。

蓮如　だって、本屋で本を売ってたってさあ。まあ、もとは本屋で本を売って信者ができたんだろうけど、本屋で本を売ったって、そんなのは（幸福の科学の）支部の収入にはならないからさ。そんなもん、売るわけないじゃない、今の支部長は。

酒井　やっぱり、それでは組織としては広がっていかないわけですよね。

蓮如　だから、支部がなければ、本が本屋で売れるよ。あったら売れない。

酒井　そうですね。

蓮如から見た幸福の科学のシステム上の問題点

酒井　もう一つ、お訊《き》きしたいのは、幸福の科学の職員の問題はそれとして、例えば、蓮如様であれば、「在家《ざいけ》のプロ化もしていかなければ、講《こう》という組織も広がらない」ということになります。やはり、在家のなかからリーダーがもっと出てこないといけないと思うのですが、このあたりのところについてお聞かせください。

蓮如　「講」というのは、今で言えば、「財務組織」だわな。

酒井　財務組織なんですか。

蓮如　財務組織のことですよ。信仰《しんこう》に基《もと》づく財務組織のことです。だから、お寺を支えるための、まずは建立《こんりゅう》資金等を集めるための「講」だし、次には、戦うための「軍資金」だよな。戦いが起きたときには軍資金が必要ですので。

郵便はがき

料金受取人払郵便

赤坂局
承認

8335

差出有効期間
2024年9月
30日まで
（切手不要）

1 0 7 - 8 7 9 0

112

東京都港区赤坂2丁目10−8
幸福の科学出版（株）
読者アンケート係 行

ご購読ありがとうございました。お手数ですが、今回ご購読いただいた書籍名をご記入ください。

書籍名

フリガナ お名前	男・女	歳
ご住所 〒 都道府県		
お電話（ ） −		
e-mail アドレス		
新刊案内等をお送りしてもよろしいですか？ ［ はい（DM・メール）・ いいえ ］		
ご職業	①会社員 ②経営者・役員 ③自営業 ④公務員 ⑤教員・研究者 ⑥主婦 ⑦学生 ⑧パート・アルバイト ⑨定年退職 ⑩他（ ）	

プレゼント＆読者アンケート

皆様のご感想をお待ちしております。本ハガキ、もしくは、
右記の二次元コードよりお答えいただいた方に、抽選で
幸福の科学出版の書籍・雑誌をプレゼント致します。
（発表は発送をもってかえさせていただきます。）

1 本書をどのようにお知りになりましたか？

2 本書をお読みになったご感想を、ご自由にお書きください。

3 今後読みたいテーマなどがありましたら、お書きください。

ご感想を匿名にて広告等に掲載させていただくことがございます。
ご記入いただきました個人情報については、同意なく他の目的で使用することはございません。

ご協力ありがとうございました！

ですから、君らも選挙とかをやっておるんだろうから、これは軍資金に当たるんだろうと思うんだけどもね。

ただ、その軍資金自体を、支部や精舎《しょうじゃ》のほうが出したがらないですよね。軍資金として認識すればいけど、軍資金として認識していないので。まあ、自分らに関係がないからね。

酒井　はい。

蓮如　そういう意味で、「暖簾分け」には成功していないということだな。だから、総裁が発信していることを〝無視〟しているんだよ、弟子のほうは。「自分ができることしかしない」ということで。

すでに店をもらったから、それで独立してるつもりなわけ。給料を確保できれば、もういいわけなんだ。

酒井　うーん。

蓮如　だから、増やさないいんですよ。

いろんなものを増やすとね、まあ、君らのやり方が悪いんだけども、「前年度比、○パーセント」っていうのを出されるからさ。前年度を「百」にして、「さらに、それ以上やれ」と言われるから。

酒井　はい。

蓮如　その年に頑張ると、翌年《よくとし》が、九十パーとか八十パーとか七十パーとかに落ち込みますから、それで「悪い支部長だ」って、〝バッテンがつく〟わけですよ。

酒井　なるほど。

蓮如　国の予算の「単年度制」と一緒《いっしょ》でね、残したら駄目なんですよ。

酒井　（苦笑）

蓮如　だから、「システムがあまりよろしくない」ですね。絶対に売上は増えないよ。増えないようにつくってあるんですよ。増やしたら、翌年、翌々年に、自分が還俗《げんぞく》の危機に面するようになってるから。

8　幸福実現党をどのように見ているのか

「信者を増やし、幸福実現党を応援《おうえん》してもらう」ための鍵《かぎ》とは

酒井　生前、蓮如上人《しょうにん》がお持ちだった、「組織を発展させるための鍵《かぎ》になるような考え方の筋《すじ》」というのは、どのようなものだったのでしょうか。それについて、簡単に、何かヒントになるようなお言葉を頂ければと思うのですけれども。

蓮如　だから、仏教として正しいかどうかは知らんけれども、基本的に「阿弥陀《あみだ》信仰《しんこう》」ですよね。まあ、基本はね。

「もう難しいことは、専門家に任せてください。在家《ざいけ》の人は分からんでもよろ

しいんです。ただ、阿弥陀様が救ってくださるんです。その教えを信じなさい。死んだら、阿弥陀様が救ってくださる。あなたがたが、浄土真宗《じょうどしんしゅう》に入ろうと決心・決定《けつじょう》した段階で、もう救いは約束されたんです」と言ってるわけね。

「あと、どういうふうにして救うかはプロに任せてください。あんたがたには関係ないことです」ということですね。

だから、「幸福の科学の信者になった時点で、いや、もう『なろう』と思った段階でも、すでに救いは始まっているんです」と、このくらいのことが言えないようでは駄目《だめ》。

キリスト教だって一緒《いっしょ》ですよ。「キリスト教の門を通さずして天国へ行けない」でしょう?

酒井　ええ。

蓮如　「キリスト教徒以外は、みんな地獄《じごく》行き」なんですよ。あるいは、「煉獄《れんごく》行き」なんですよ。そういうことになってるんで。

だから、君らな、「弱い」わけよ。

酒井　うーん……。

斎藤　幸福の科学では、その組織を示しているタイトルそのものが、「必ず幸福になる」ということを示しているわけなのですけれども。

蓮如　幸福実現党で「幸福が実現する」なら、本当に幸福になるのなら、みんな入るだろうよ。

●煉獄　キリスト教カトリックの教義で、罪の償《つぐな》いを果たしていない状態にある霊魂が、天国に入る前に苦罰によって罪の浄化を受ける場所のこと。天国と地獄の間にあるとされる。

酒井　そうですね。

蓮如　だけど、なる可能性がないから入らないんだろう？　それだけのことだよ、みんな。

酒井　それは、「こちらからの発信が弱い」ということなのでしょうね。蓮如上人のときは、政治と宗教を兼《か》ねていた……。

蓮如　だから、それは、その政治を応援《おうえん》したら、それで自分らが幸福になるなら、一票を投じるだろうよ。「なる」と思わないからしないんだよ。君ら、名前だけ。〝名前倒《だお》れ〟、「看板倒れ」って言うんだ、そういうのをな。

宗教団体が「政党活動」を行うのは、なぜ難しいのか

綾織　政治においても、そうした、「必ず幸福になれる」というところを強く打ち出していく活動をすることによって、ある意味で、大衆布教《たいしゅうふきょう》的な感じになるということでよいのでしょうか。

蓮如　あのね、実際は、それをやってる人が、宗教活動をやって〝締《し》め上げられてる〟のに、さらに、政治活動で負荷《ふか》をかけられて、「二倍働け」と言われているような感じなのでね。

特に、政治活動のほうは「持ち出し」が増えてきて、収入にならない活動ですから。支部のほうは、〝収入至上主義〟で縛《しば》られているのに、政治活動をやればやるほど働き手が減って、収入が減るんですよね。まあ、そういうことになって

ますし、交通費も要《い》るし、いろいろな資金が必要になってきます。それで候補者がね、またしても〝ミニ教祖〟と化してお布施《ふせ》を集め始めますので、教団としては、実は、もう教団から「分派《ぶんぱ》がいっぱいできている」ような状態が政党の姿なんですよ。

だから、ちっちゃい〝ミニ教祖〟が何万、あるいは十何万の票を集めねばならない。〝ミニ教祖〟を出さなきゃ当選できないことになっている。

でも、それだけ集まるんだったら、それは教団ができてしまいますから、宗教としては、遺伝子的には非常に厳しいんですよ。実に難しい。

斎藤　なるほど。蓮如様のご存命《ぞんめい》のときには、「帰命尽十方無碍光如来《きみょうじんじっぽうむげこうにょらい》」「南無阿弥陀仏《なむあみだぶつ》」と、ご自身でも揮毫《きごう》されたりして、御本尊《ごほんぞん》になさっていました。

やはり、そうした大義というか、先ほど「エル・カンターレよ、われと共にあってください」とおっしゃいましたが、そういう精神が、弟子《でし》レベルでは切り離《はな》されているということでしょうか。

蓮如　ああ、駄目。もう全然、駄目だね。

今、政党が当選しないもんだから、まだ教団を立てて、教団の力をもらおうと思ってるけども、政党が独立したら、奪《うば》うだけ奪って、全然、教団にとってはプラスにならない活動をすると思うよ。

だから、今は、軍資金を奪おうとはしてるけれども、みんな、それぞれ自分が教祖だからね。自分の顔を売って、自分の名前を投票させて、やろうとする。

それを、ほかのところは、在家の「講《こう》」の代わりに、みんな応援団をつくってね、選挙の応援グループをつくって、秘書だけを使って、やってるあれだけども。

まあ、だんだん、「人も金も、よこせ」ということで、名前も取って、やっていって、次第《しだい》に政党と宗教は分離《ぶんり》されていって、「政教分離」の言い方で言われると、できるだけ関係ないような言い方をし始めて。

いや、最後は同じですよ。自民党の議員と同じことを言う。「いや、本は読んでいますけども、関係はございません」とか、「信仰があるわけではありません」とかね。そういうふうに最後は言い始めます。

しかし、裏では、信者を動員して献金《けんきん》してもらって、活動をしている。こういう面従腹背《めんじゅうふくはい》型の人間がたくさん出てきます。

そういうことが感じられると、信者としては、「これは、あんまり応援してはいけないんじゃないか」と。

また、支部長が直面してるのはだな、「その候補者を応援して当選させると、自分より偉《えら》くなるんじゃないか」というような、〝あちら〟のほうへ信仰心が集まっているような感じに見えるところがあって、負けるような気がするので、本気でやる気があんまりないということだな。

これは難しいよ。どこの宗教も、困難である理由はあるよ。例えば、イスラム教みたいに「祭政一致《さいせいいっち》」で、本当に政治も全面取ってしまうなら別に構わないけれども、なまじ〝分けなきゃいけない〟んだったら、損が出る可能性はあるわな。

酒井　ありがとうございます。

9　蓮如は現代に生まれている!?

蓮如は現代に生まれ変わって「幸福の科学」を見ていた!?

酒井　ちなみに、先ほどから、「蓮如様」とお呼びしておりますけれども、「蓮如様」でよろしいんですよね？　これだけお分かりになるということは、蓮如様であるとは思うのですけれども。

蓮如　まあ、それはそうですけどね。

酒井　そうですよね。

蓮如　うん。

酒井　それで、以前、「劉邦《りゅうほう》の霊言《れいげん》」を録《と》って以来、「中国の劉邦さんが蓮如さんではないか」と考えられていたのですが、実は、劉邦の霊は、そのとき、明確に「(自分の生まれ変わりは) 蓮如である」とは言っていないんですよね (注。二〇一四年二月二十日収録。前掲《ぜんけい》『項羽《こうう》と劉邦の霊言 劉邦編──天下統一の秘術』参照)。

蓮如　うん。それは弟子《でし》が言ってるんでしょう? おたくの。〝アホ弟子〟が言うとるんです、それは。

酒井　弟子が劉邦の霊に、「蓮如様ですね？」というように訊《き》いているのですが、彼ははっきりと「蓮如である」とは答えてはいないという状況《じょうきょう》だったので……。

蓮如　〝アホ弟子〟さんが言うとるんでしょう？　まあ、そんな人ばっかりいるからね。

酒井　そうですか（苦笑）。そうしますと、蓮如様は現代にも生まれ変わっていますよね？

蓮如　うん、かもしれない。

酒井　まあ、当会についても、かなりお詳《くわ》しいので。

蓮如　そうだね。

酒井　はい。どのような……。

蓮如　もう幸福の科学なんか見たら、〝吹《ふ》けば飛ぶ〟ように見えてるよ。

斎藤　えっ？　「吹けば飛ぶように見える」ということは、ご自身に「それだけの実力や、それだけの規模のものを持っている。そうした立場でなければ、そのような評価はできない」ということを意味しておりますけれども。

蓮如　そうですね。

斎藤　そういうことですか。

蓮如　うん。〝吹けば飛ぶ〟ように見える。

斎藤　「吹けば飛ぶ」ということは、「超巨大《ちょうきょだい》な立場」ということになりますけれども……。

蓮如　うん、そうですね。

現代では、教祖的素質を持った人は一代で大企業《だいきぎょう》をつくる

酒井　〝現代の蓮如様〟は宗教家なのでしょうか。それとも、政治家なのでしょ

うか。

斎藤　何かお話をお伺《うかが》いしていると、経営コンサルタントの方から話を聞いているような気もしますけれども（笑）。

蓮如　「南無妙法蓮華経《なむみょうほうれんげきょう》」や「南無阿弥陀仏《なむあみだぶつ》」と言ってた昔の〝お題目《だいもく》〟はね、今は「会社のブランドの宣伝」に変わるわけよ。

酒井　はい。

蓮如　ね？　例えば、松下幸之助《まつしたこうのすけ》だってな、当時の「松下」、あるいは、「ナショナル」というようなブランドを広げた。あれは〝宗教運動〟だよな？　宗教運動を、そのまま経営に使ってたわな。

酒井　はい。

蓮如　だから、そういうふうに宗教心がはっきり出るかどうかは別として、一代でマーケティングをして大企業《だいきぎょう》をつくるようなやつは、みんな「教祖的素質」はあるわな。

　これは日本だけでないわ。ビル・ゲイツだろうとスティーブ・ジョブズだろうと、みんな「教祖性」はあると思うよ。

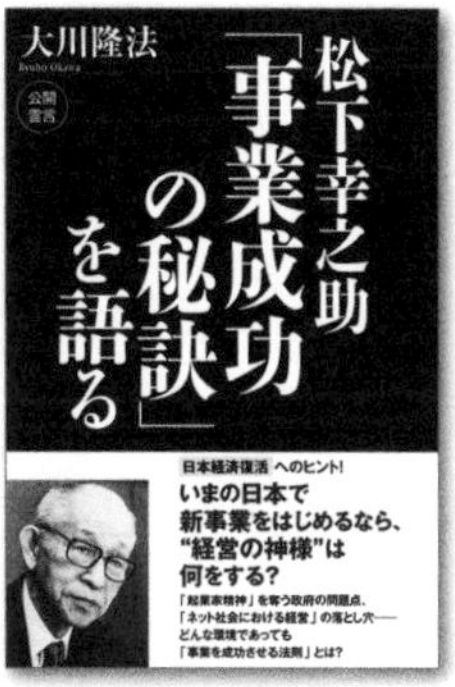

起業家精神の本質を松下幸之助の霊に訊く。
『松下幸之助「事業成功の秘訣」を語る』
(幸福の科学出版刊)

ビル・ゲイツ、ジャック・ウェルチ、カルロス・ゴーンの守護霊が経営の真髄を語る。
『逆転の経営術』
(幸福の科学出版刊)

酒井　なるほど。

蓮如　まあ、ある種のカリスマで、発言力に、ある種の社会的影響力《えいきょうりょく》があるし、教祖性があるからね。やっぱり、現代では、宗教的素質を持っている人は、そんなかたちでよく出てるんじゃないですかね。

酒井　そういうことですね。それで、「中興の祖である」ということになりますよね？

蓮如　うーん。

アップルの成功に隠された創造力の秘密に迫る。『公開霊言 スティーブ・ジョブズ 衝撃の復活』(幸福の科学出版刊)

酒井　そういう傾向性《けいこう》もおありなのですか。

蓮如　まあ、別に、それは「中興の祖」でなきゃいけないわけではないんですけど。浄土真宗《じょうどしんしゅう》のお寺に生まれたから、それを発展させてしまっただけで、ほかのところに生まれれば、そこが発展してる。

〝現代の蓮如〟は「あの伝説の名経営者」だった!?

酒井　そうしますと、「セブン-イレブン」らしきコンビニエンスストアの話とかも出てきましたけれども……。

蓮如　うーん。

酒井　「そちらに関係のある方」ということで、よろしいのでしょうか。

蓮如　うーん……、まあ、今はちょっとねえ、仕事を外されようとしてるでな。

酒井　（笑）

蓮如　まあ、外されるのかな。仕事がなくなってきたからさ（注。二〇一六年五月、セブン＆アイ・ホールディングスの鈴木《すずき》敏文《としふみ》氏は、会長兼《けん》ＣＥＯを辞任し、名誉《めいよ》顧問《こもん》に就任した）。

酒井　十分、成功は成し遂《と》げられたと思います。

蓮如　ちょっと、君らの指導霊でもして、暇潰《ひまつぶ》ししようかなと思ったり……。

酒井　ああ、よろしくお願いします。

斎藤　何か、「コンビニで仏壇《ぶつだん》を売る」というたとえが非常に印象的でして、やはり、あのあたりから……。

蓮如　まあ、一万店舗《てんぽ》ぐらいねえ、売上を立てないといかんのじゃないかね？

酒井　そうですね。

蓮如　やっぱり、君らね、何兆円と年商をあげてごらんよ。規模が全然、違《ちが》って

1974年に第1号店を出店して以来、
全国展開を続けるセブン-イレブン

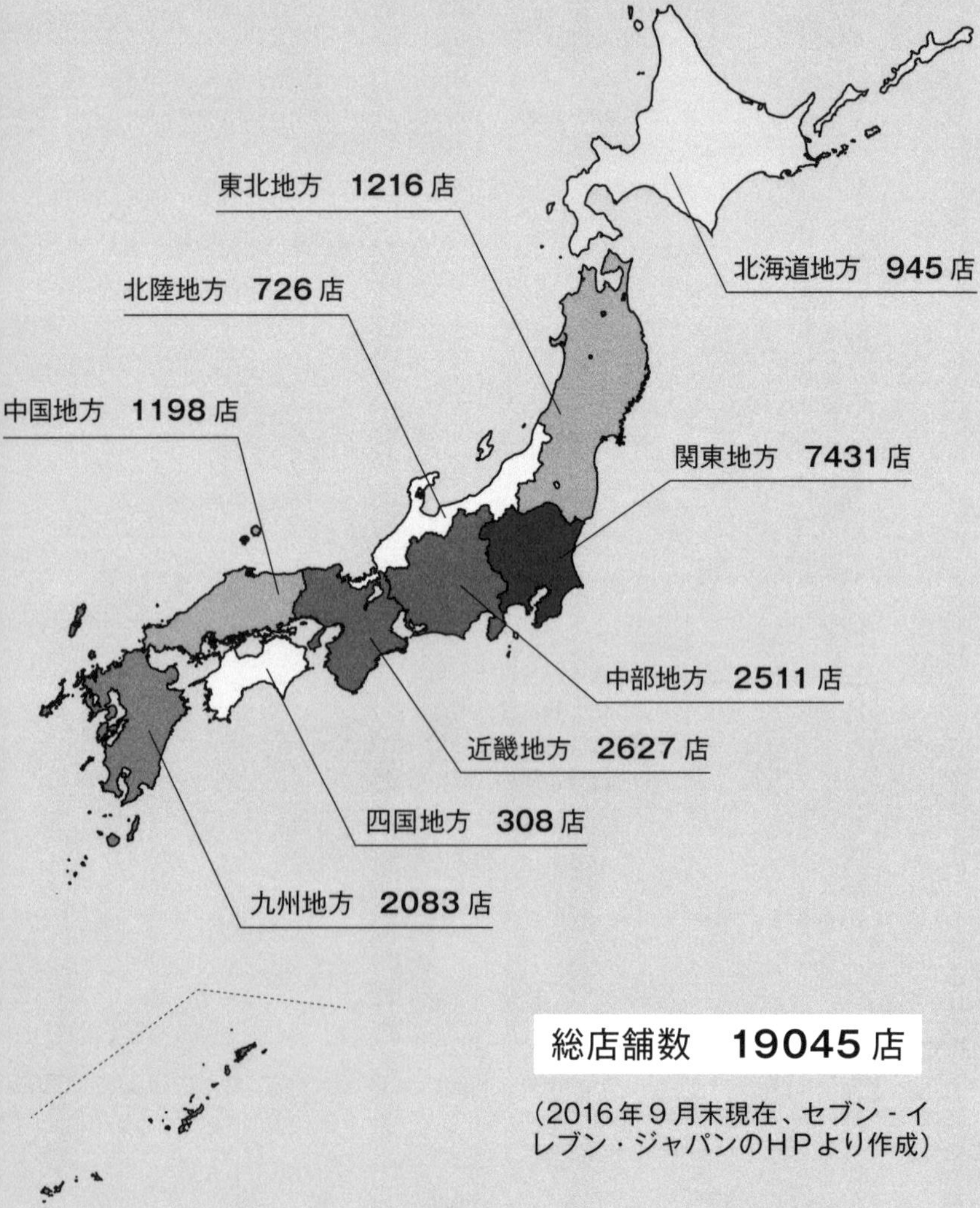

総店舗数　19045店

（2016年9月末現在、セブン-イレブン・ジャパンのHPより作成）

くるからさ。

酒井　はい。

蓮如　君らは、もう本当に、哀《あわ》れなマーケティング力、哀れな商売力、哀れな人事管理力、哀れな経営能力しか持っていないので、かわいそうだよ。

中小企業が大企業のふりをしているようにしか見えんなあ。

だから、もうちょっとねえ、ちゃんと訓練して、仕事を管理しなきゃいけないよな。

酒井　はい。

蓮如が示す「弟子《でし》の条件」

綾織　セブン−イレブンの場合、いちばん大事な部分は「変化対応」ということであり、「日々、お客様の気持ちが変わるので、それに対応する」という考え方だと思うのですが……。

蓮如　まあ、ここ（幸福の科学）は、お客さんの気持ちが変わるのに対応してるんじゃなくて、教祖の気持ちが変わるのに対応してるだけだろうからさ、おそらくな。

綾織　うーん……。そうした観点から見て、もし「宗教マーケティングの真髄《しんずい》」のようなものがありましたら、一言《ひとこと》だけ教えていただきたいと思うのですけれども。

蓮如　だから、さっきから言ってるように、「信仰心《しんこうしん》の問題」なんだよ。信者は教祖にはついてるんだと思うけどね。支部長にはついてないんだよ、信者が。つまり、(支部長が)〝中抜《なかぬ》き業者〟をやってるけど、ここで信仰心を落とさせてるような感じだな。

次に、政党を挙げて立候補者をつくってるんで、さらに評判を落としてるんだよ、今はな。あれで幸福の科学への失望感は、すごく増えてるよ。な?「この程度の候補者しかいないんか。こんな信仰心もなく、知識もない人が立つのか。これなら、ほかのプロの政治家のほうがよっぽど上だな」と思っちゃって、逆に、マイナス宣伝をやってしまってるわな。

まあ、これは、かわいそうだけども、教祖がカリスマで働いてる分を、みんなで蟻《あり》が群れるようにして食ってるようにしか、私には見えませんね。やっぱり、弟子《でし》はね……。

まあ、教祖は、〝銀行的機能〟を持ってもいいと思うんだよ。だから、弟子に金を渡《わた》してもいいんだけども、やっぱり、弟子に百万円渡したら、それを一億円にして返してくるぐらいの弟子でなきゃ駄目《だめ》なわけよね。弟子に、百人の信者を与《あた》えたらね、それを一万人にしてご奉納《ほうのう》してくるぐらいでなきゃ駄目なんだよ。

斎藤　なるほど。

蓮如　その一万人の信者はね、支部長を信仰してるんじゃないんだよ。そうじゃなくて、やっぱり、「教え主《ぬし》」を信仰していなければいけないんだよ。

だから、下手《へた》な知恵《ちえ》で〝御本尊《ごほんぞん》なる物体〟をな、発明したために、教祖をないがしろにしとるんだよ、現実は。

酒井　そうですね。

蓮如　いてもいなくてもできるんだよ。「御本尊」を〝売る〟だけだから。な？　アマゾンでもできるんだよ、これはな。

（この霊言は）外で売れない本になっただろう？　残念だったな。

酒井　（苦笑）

斎藤　（苦笑）いえいえ。

蓮如　ハッ！　君たちの粗《あら》が全部出てしまう。

10　富が集まってくる「経営者の感覚」

多くの人を幸福にすれば「富」は集まってくる

斎藤　そろそろ時間もなくなってきたのですけれども、もう一つ、「富」ということに関して、後代のわれわれに、一言《ひとこと》頂ければと思うのですが。

例えば、セブン‐イレブンのライバルの売上で言いますと、『日経ビジネス』（二〇一五年四月二十七日・五月四日合併号《がっぺいごう》）によると、ローソンの連結営業収益は約五千億円、ファミリーマートは約三千七百億円ですが、セブン&アイ・ホールディングスは、六兆円を超《こ》えています。

蓮如　うん。

斎藤　どうしたら、サービス業で、そこまで富を得ていくことができるのでしょうか。何を願っていれば、そうした富、繁栄《はんえい》というものが広がっていくのでしょうか。

従来、「宗教」と「繁栄」というのは、あまりつながるものではありません。つつましく生きていくだけ、あるいは、心清く生きていくだけということになりがちです。

そうした意味で、そこを限界突破《とっぱ》するヒントを頂ければと思います。本当の「富」というのは、どのような心の願いがあれば、得ることができるのでしょうか。

蓮如　すべてのお客さんを幸福にすることですよ。

斎藤　はあ……？

蓮如　な？　すべてのお客さんを幸福にすることですよ。そうすると、富は集まってくるんですよ。

斎藤　はあ……。

蓮如　まあ、コンビニで言えばな、賞味期限切れの牛乳を前に並べるようなことをやっとったり、梅雨《つゆ》どきに、カビが生《は》えたようなパンを並べとったりすると、もしそれを買わされた人がいたら、腹が立って捨てるだろうから、二度と来ないわな。だから、そういう仕事はさせてはならんだろうしな。

それで、おにぎりを食べれば、よそで買うよりは、こちらのおにぎりのほうがおいしい。おでんを食べれば、こちらのほうがおいしい。自分でつくるよりは簡単で、わずかなお金だけで、あのおでんを……。

つまり、おでんは何時間もかかるでしょう、つくろうと思ったらな。買い物をして原材料からつくったら。

それが、自分でつくるより、はるかにおいしい味で、簡単に手に入って買える。時間の節約になって、その間、ほかのことができるようになる。あるいは、主婦も解放されて働けるようになる。

まあ、こういうことで、多くの人を幸福にすると富は集まってくる。

それが不十分だと、買って帰ったけど、「これ、全然おいしくない」って、ご主人に文句《もんく》を言われる。あるいは、「欲《ほ》しいものを買いに行ったら、それが品切れでなかった」とかいうことであれば、〝信仰心《しんこうしん》〟が薄《うす》まるわけよね。だから、繁栄しないわけよ。

そうじゃなくて、お客様の信頼《しんらい》に応《こた》えて、最高のものを提供する。そして、それが最も新鮮《しんせん》で、最も廉価《れんか》で手に入って、気持ちよく買い物ができて、あと、「損はさせられていない」という気持ちになる。そうなったら、同業他社との競争は当然あるけども、比べてみると、やっぱり、こちらのほうに行く回数がどうしても増えてくる。そういうことが大事だ。

「なっていない〝社員教育〟」と「〝腐《くさ》った〟信仰心《しんこうしん》」を反省せよ

蓮如　まあ、もちろん、常に「新商品」も開発はしていましょうな。だけど、「新商品を開発したら、ほかのものが売れなくなるではないか」というのが、おたくの職員の考え方ですよ。「新しい商品を出されたら、ほかのものが売れなくなります」と。
そうじゃないんだ。新しい商品が開発されたら、それはどんなものかと思って、みんな楽しみに買いに来る。そのとき、ついでに、ほかのものも買わせなければいけないわけですよ。

斎藤　うーん……。

蓮如　だけど、君たちは、「新しいのを出したら古いのが売れなくなる」というスタイルですから、新商品を出したら……。（斎藤に）例えば、君が編集部として新しい出版物を出したら、「この一カ月前までに発刊した本は捨ててください」と言わないかぎり買わない状態だよな。

斎藤　（苦笑）分かりました。

蓮如　だから、まったく、〝社員教育〟というか、〝企業《きぎょう》マインド〟としてなってないわけよ。はっきり言ってねえ、「ナンバーワン、日本一、世界一になる遺伝子」がないんだ。

酒井　はい。

蓮如　ここをねえ、徹底《てってい》的に反省なされたほうがよろしいですよ。

斎藤　すみません。本当に申し訳ありません。

蓮如　〝おかげさま〟で、これは、きっと本にして外に出せなくなるだろうから。これだけ自分らが怒《おこ》られたものは、全部隠蔽《いんぺい》するのが君たちの体質だ。はっきり分かってるから。君らが怒られたものは、活字では出ないんです。それは、もう分かってるから。

だんだん、「職員だけにしか観《み》せない」ようにし始めるから。信者にも観せないか、信者に観せるやつは、たぶん、これを編集したものしか観せなくなるから。これが君らの本質だよ。反省したまえ。

酒井　はい。

蓮如　結局は、信仰心《しんこうしん》が〝腐《くさ》っとる〟のだよ。

酒井　はい。

蓮如　信仰心が〝腐ってる〟からさ、セブン―イレブンの六兆円にも敵《かな》わねえんだよ。情けない。

酒井　はい。

蓮如　あれ（セブン―イレブン）は、〝ただの普通の人〟を雇《やと》って商売してるんだよ。それで、それだけの結果が出せるんだよ。

酒井　はい。

蓮如　なあ？　ただの人をな。

酒井　はい。

「〝信仰心《しんこうしん》〟なしでやれるかどうか、これから見せてもらう」

蓮如　まあ、（わしも）造反《ぞうはん》されとるがな、今。造反されて……。年取ったので、なめとるんだろうけど、わしが「なし」でやって、〝信仰心《しんこうしん》〟なしでやれるかどうかは、これから見せてもらうわな。ええ？　「〝信仰心〟があって、それだけ大きくなった」ってことが分からんやつには、分かってもらう必要がある。ライバルとの競争に生き残れるかどうかを見てもらいたいな。

酒井　はい。「セブン‐イレブンにも〝信仰心〟がある」ということですね。

蓮如　内紛《ないふん》があったら、客は、そのうち離《はな》れるよ。

酒井　はい。

蓮如　考え方に何か違《ちが》いがあるから内紛が起きるんだろう?

酒井　そうですね。

蓮如　だから、「初代の考え方は、もう古くなった」と思うとるんだろう?　どっこい、そうかどうかは分からないよ。

例えば、私が、「一日三回配送システム」とか、つくるとするじゃないですか。

ねえ？　おにぎりも炊《た》きたてのおにぎりで配送するね。「弁当も一日三回ぐらい配送する」とか、やるじゃないですか。

こういうのをねえ、ただ経理のほうだけで見る人がいたら、「これで捨てるものの量が、これだけあります。一日にこれだけの食料品を捨てています。これだけの捨てる量があったら、アフリカの難民が何人食べていけるか分かりません。もったいないです」ということで、「そういう無駄《むだ》なものはつくらないようにしましょう」みたいなことを考え始める。

そうすると、だんだん鮮度《せんど》が落ちてくる。鮮度が落ちてくると、お客さんはそれを敏感《びんかん》に感じ取る。だから、ほかのところと比べ始める。「ほかのところと、どっちで買うか」、食べ歩いて、それで選択《せんたく》し始めるように、だんだんなっていくわけね。

それから、新製品を出そうとしたら、「これを出したら、こっちが売れなくなります」と言う人が出てくる。そうすると、出すのをちょっと先延《さきの》ばしにして、「来年の春にしようか」とか考えるようになる。そういうことで、新しいものがないので、また客が来なくなる。

こういうのが「経営者の感覚」なんですけども、こういうものが働かなくなってくると、会社は傾《かたむ》いていくんですね。年齢《ねんれい》じゃないんだ！

〝現代の蓮如〟は、なぜ現場を見に行かなかったのか

酒井　最後に、少しお時間を頂いてお伺《うかが》いします。

あなた様は、「現場のお店に行かなかった。現場をあまり回らなかった」というように聞いているのですけれども、それで判断するのは本当に難しいと思うのです。それは、どういうお考えだったのですか。

蓮如　いやあねえ、私はいいんですよ。私は見てもいいんですけどね（笑）。

酒井　はい。

蓮如　店長がね、もうライバル店が近くにあるから、そこの品揃《しなぞろ》えを見て勝手にやり始める。

酒井　あっ、ライバル店ですね。

蓮如　うん。創意工夫《そういくふう》してやり始めるんだけど、それが「経営レベル」に達してないことが多いために、無駄がすごく発生するんですよ。無駄な品揃え、無駄な仕入れ・在庫、いっぱいそんなものをつくっちゃって、それで〝死なせて〟しまうことがあるので。

それで、同じようなもの、あるいは、よそが売ってるものは売ろうと、必ずまねしてやるんですけど。まねしてやろうとするときは、すでにもう同業のなかのトップじゃないんですよ。「同業のトップ」っていうのはね、まねをされることはあっても、まねをしてはいけないんですよ。

それを教えたいだけで、「現場主義ではない」とか、「ほかの店を見るな」というようなことが重要なことではないんです。〝マネシタ電器〟じゃないので、「二番手商法はやらない」っていうことなんですよ。

酒井　なるほど。

蓮如　「必ず、パイオニアとして最初にやって、マーケットを開く」ということをやるわけ。

酒井　まさに、経営学者のドラッカーが言っていることそのものですね。

蓮如　だからねえ、ほかのところを見たら、まねしたくなるんですよ、凡人《ぼんじん》の性《さが》として。たかが三十坪《つぼ》の店を任されてるぐらいの人の頭で考えると、近所のを見て、ほかにあるものは置いて、ほかにないものも入れて、品揃えをいっぱい増やして。もちろん、いっぱい捨てるようになるわけで、下手《へた》な経営を必ずやりますんでね。

だから、やっぱり、品揃えまで、本部のほうからキチッと管理ができるようになってるわけですよね。そのためにコンピュータも使いましたがね。

ただ、それはお寺では気をつけないと、「自分たちを廃業《はいぎょう》に追い込《こ》む可能性があるから、よく考えたほうがいいですよ」ということだね。

「痛い言葉」を聞いていると、業績が上がる

蓮如　まあ、勉強になったか嫌《きら》われたかは知らんけど、私が追い出される理由が分かる？　だから、嫌われるわけね。君ら、こう言ったら嫌《いや》でしょう？

酒井　いや、そんなことはありません（苦笑）。

蓮如　「蓮如の霊言《れいげん》」は二度と結構でしょう？

酒井　いや、そんなことはないです。

蓮如　そう思うでしょう？

斎藤　いやいや、そんなことはないです（苦笑）。

蓮如　だから、嫌われるんです。

斎藤　いえ、いえ、いえ。魂《たましい》にズシッと来て……。

蓮如　ただ、このねえ、「痛い言葉」を聞いていると業績が上がるんです。

酒井　はい。

斎藤　ああ……。

蓮如　だから、痛いことを言う人がいないから、君らはね。

酒井　はい。

蓮如　お互《たが》いにほめ合って、もう〝なでなで〟して生活してる。〝共存共栄〟してるわけよ。

だから、もう十年も二十年も同じようなレベルでやってられるんだよ。

斎藤　確かに、われわれには、もう少し「厳しさ」が必要かもしれません！

綾織　いや、もう本当に……。

蓮如　（斎藤に）いや、君なんか、いちばん〝生《なま》ったるい〟よな。

斎藤　すみません（苦笑）。

酒井　まあ、彼は、毎回、かなり怒られていますので……。

蓮如　うーん。

斎藤　すみません！　ありがとうございます。

月刊「ザ・リバティ」を「御文《おふみ》」の方式で売るとしたら？

蓮如　（綾織に）もう君のところの雑誌（月刊「ザ・リバティ」）だって何だよ。ええ？　「君の雑誌が売れてる部数が信者数」と言われたってしょうがないんだからね。君の雑誌も読まないんじゃ、そら、「信者」と言えんわね。

それが言えないっていうことは、やっぱり、職員は勉強しとらんわね。それを難しく感じるなら、それはレベルが低いわな。レベルが低いわ。

だから、「今月の記事のなかで、これだけは絶対読んでください」っていうのを発信すればいいんだよ、強烈《きょうれつ》に！

綾織　はい。

蓮如　ね？　全部は読めないんだよ。分かってるわ、そんなの。ほかの本も読まないといかんし、忙《いそが》しいんだろう？　分かってる。「今月の特集のこれだけは絶対に読まないと、信者とは言えん」っていうのを毎回発信するんだよ、ちゃんと。

綾織　ええ。まさに、「御文《おふみ》」の方式だと思います。

蓮如　そうです。

綾織　ありがとうございます。

蓮如　一つでもいいんですけど、「これを読まなかったら後《おく》れる。もう三年後れるよ」というようなことを、ちゃんと言うことが大事ですよ。

綾織　はい。

蓮如　「もう時間が余ってるし、ただ書き手が書いてるので、しかたなく、こういうものをつくっています。だから、暇《ひま》な人と金のある人は買ってください」みたいな売り方をしたら、全然駄目だね。

綾織　はい。絞《しぼ》り込んでやっていきたいと思います。

蓮如　ええ。やっぱり、「もう新聞なんか取るのをやめてでも買え」と言わないといかんですよ。

綾織　はい。

酒井　では、お時間になりました。

蓮如　はい。

酒井　本日は、まことにありがとうございました。

斎藤・綾織　ありがとうございました。

11　蓮如の霊言《れいげん》を終えて

大川隆法　（手を二回叩《たた》く）まあ、厳しいお方ではございました。

酒井　はい。

大川隆法　やはり、実績がある方は偉《えら》いですね。

もしかしたらこの方は、新入社員を千数百人ぐらい集めて入社式をやっておられる方ではないでしょうか。「凡人《ぼんじん》を集めて、すごい常勝《じょうしょう》軍団をつくった」というのは、大したことなのでしょう。

酒井　ええ。

大川隆法　いやあ……、勉強が足りませんね。もっともっとやらなくてはいけないようではございます。

ただ、品数《しなかず》は、確かにコンビニのほうが多いんですよね。一万点ぐらいありましたか。

酒井　そうですね。

大川隆法　安いものばかりですけれども。その点、当会のほうは、もう少し高いでしょう。コンビニには、安いものばかり一万点ぐらいありますが、当会の支部には、それほどの点数はないし、もっと高いわけです。

一方、コンビニは、もっと利幅《りはば》の低いものを一万点ぐらい扱《あつか》っています。要するに、商品がないと、客はよそに行ってしまって、来なくなりますからね。

酒井　うーん。

大川隆法　これはやっぱり、経営的には〝もっと厳しいメス〟が入っているということなのでしょう。それが分からない人が経営したら、たちまち、勝手にやり始めるようになるのかもしれません。

ただ、「ほかがやらないようなことを、いつも考えている」ということは大事なことですね。

酒井　そうですね。

大川隆法　やはり、蓮如という人は、『歎異抄《たんにしょう》』を読ませなかった人ですから。

酒井　ああ、そうですか（笑）。

大川隆法　「これを読むと勘違《かんちが》いする人が出るから、やめたほうがいい。〝間違った薬〟を飲むと、毒になる恐《おそ》れがある」というわけです。

だって、悪人ほど救われるように見えるでしょう？

酒井　ええ。

大川隆法　「悪のすすめに見えるので、一般《いっぱん》には読ませないほうがいい。『教行信証《きょうぎょうしんしょう》』も、難しいから一般には勧《すす》めない」ということで、単純な行動原理を教えて広げていっているのです。

そういう意味では、実にうまくやりましたね。

斎藤　はい。確かに、そうですね。

大川隆法　「親鸞《しんらん》の教えそのもの」が、実は、教義の広がりを止《と》めたのだと思われますが、蓮如はうまくそこの〝毒を抜《ぬ》いて〟、上手に広げたのでしょう。

そして、そういうものを、「門外不出《もんがいふしゅつ》の法門《ほうもん》」として隠《かく》すようにするわけです。

酒井　はい。

大川隆法　まあ、「ちょっと厳しかった」と思いますが、何か参考になる面はあったかと思います（手を二回叩く）。

質問者一同　ありがとうございました。

あとがき

本書は、宗教書としても経営書としても読める特異《とくい》な本である。浄土真宗がなぜ一千万人宗教にまで広がっていったかを明らかにしたばかりではなく、現代的会社として急成長するための秘訣《ひけつ》をあますことなく語り尽《つ》くしている。

とはいっても、この「宗教マーケティング」も、一定《いってい》の知識、経験、見識《けんしき》がなければ、読み取ることは難しいだろう。私自身、他人《ひと》を叱《しか》るのは、あまりうまくない方《ほう》なので、私にかわって、幸福の科学関係者や、下降気味《かこうぎみ》の他宗教をも叱って下さっていると考えてもよかろう。

いずれにしても、インターネット全盛《ぜんせい》の時代は、宗教絶滅《ぜつめつ》の危機の時代でもある。その危機感を感じとったなら、ささやかな抵抗《ていこう》ができる智者《ちしゃ》も生まれてくるだろう。

二〇一六年　十月二十九日

幸福《こうふく》の科学《かがく》グループ創始者兼総裁《そうししゃけんそうさい》　大川隆法《おおかわりゅうほう》

『蓮如の霊言　宗教マーケティングとは何か』大川隆法著作関連書籍

『正義と繁栄』（幸福の科学出版刊）
『世界を導く日本の正義』（同右）
『項羽と劉邦の霊言　劉邦編――天下統一の秘術』（同右）
『公開霊言　親鸞よ、「悪人こそ救われる」は本当か』（同右）
『日蓮の新霊言』（同右）
『松下幸之助「事業成功の秘訣」を語る』（同右）
『実戦マーケティング論入門』（同右）

※左記は書店では取り扱っておりません。最寄りの精舎・支部・拠点までお問い合わせください。
『大川隆法霊言全集　第20巻　一遍の霊言／蓮如の霊言』（宗教法人幸福の科学刊）

蓮如《れんにょ》の霊言《れいげん》　宗教《しゅうきょう》マーケティングとは何《なに》か

2016年11月11日　初版第1刷

著　者　　大《おお》　川《かわ》　隆《りゅう》　法《ほう》

発行所　　幸福の科学出版株式会社

〒107-0052 東京都港区赤坂2丁目10番14号
TEL(03)5573-7700
http://www.irhpress.co.jp/

印刷・製本　株式会社 堀内印刷所

落丁・乱丁本はおとりかえいたします

ISBN978-4-86395-854-8 C0014
カバー写真：Sunshine Art/Shutterstock.com
本文写真：hilight/PIXTA ／ SHIGENOBU HAYASHISEBUN PHOTO/amanaimages ／ skipinof PIXTA ／アフロ／流しの /PIXTA ／ 663highland ／ KENPEI ／ mariemon ／ neeel ／ Wiiii

大川隆法ベストセラーズ・日本仏教の宗祖たちに訊く

公開霊言
親鸞よ、「悪人こそ救われる」は本当か

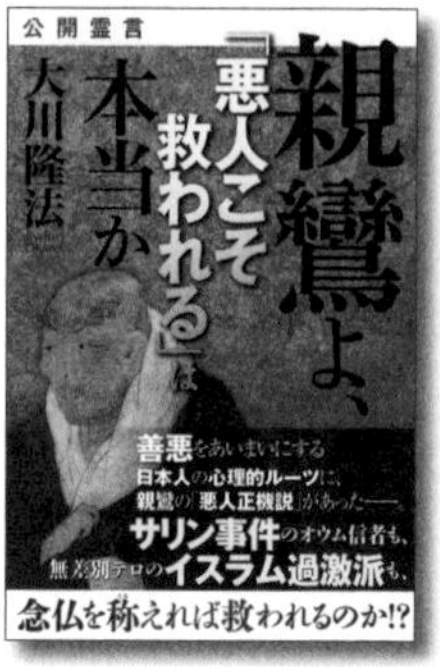

尖閣でも竹島でも、なぜ日本人は正義を毅然と主張できないのか。日本人のメンタリティーの源流を親鸞の「悪人正機説」に探る。

1,400円

日蓮の新霊言
「信仰の情熱」と「日本の新しい未来」を語る

1985年の『日蓮聖人の霊言』発刊から30年――。内憂外患の日本に日蓮が贈る、不惜身命のメッセージ。いま明かされる「新世界宗教構想」とは。

1,400円

不成仏の原理
霊界の最澄に訊く

悟りとは何か。死後の魂の救済とは何か。東日本大震災で、この世の無常を思い知らされた日本人に、今、仏教の原点を説き明かす。日本天台宗開祖・最澄の霊言を同時収録。

1,800円

※表示価格は本体価格(税別)です。

大川隆法ベストセラーズ・**仏教が目指す幸福とは**

仏教的幸福論
――施論・戒論・生天論――

仏教は「幸福論」を説いていた！ 釈尊が説いた「次第説法」を分かりやすく解説。人生の苦しみを超えて、本当の幸福をつかむための方法が示される。

1,500円

悟りと救い

『大悟の法』講義

仏陀は「悟り」を説いたのか、「救済」を説いたのか？ 仏教の根本命題を解き明かし、2600年の仏教史が生み出した各宗派の本質と問題点を喝破する。

1,500円

他力信仰について考える

『黄金の法』講義③

仏の「慈悲」と「救済」とは何か。源信、法然、親鸞の生涯と思想と歴史的背景を説き明かし、「他力信仰」の全体像と問題点を明らかにする。

1,500円

幸福の科学出版

大川隆法霊言シリーズ・経営者たちの本心を聞く

松下幸之助「事業成功の秘訣」を語る

デフレ不況に打ち克つ組織、「ネット社会における経営」の落とし穴など、景気や環境に左右されない事業成功の法則を「経営の神様」が伝授!

1,400円

稲盛和夫守護霊が語る 仏法と経営の厳しさについて

実戦で鍛えられた経営哲学と、信仰で培われた仏教精神。日本再建のカギとは何か——。いま、大物実業家が、日本企業の未来にアドバイス!

1,400円

ダイエー創業者 中内㓛・衝撃の警告 日本と世界の景気はこう読め

中国にも、20年不況がやってくる!? 安売りでこれからの時代を乗りきれるのか!? 経営のカリスマが天上界から緊急提言。

1,400円

※表示価格は本体価格(税別)です。

大川隆法 霊言シリーズ・経営者たちの本心を聞く

リクルート事件と失われた日本経済 20 年の謎 江副浩正元会長の霊言

なぜ急成長企業はバッシングされるのか？ 江副浩正・元会長が「リクルート事件」の真相を語る！ 安倍政権の成長戦略の死角も明らかに。

1,400円

柳井正社長の守護霊インタビュー ユニクロ成功の霊的秘密と世界戦略

反日暴動でもユニクロが中国から撤退しない理由とは──。「逆張り」の異端児・柳井社長守護霊が語った、ユニクロ戦略の核心と、その本音に迫る！

1,500円

三木谷浩史社長の守護霊インタビュー 「楽天」とIT産業の未来

キャッシュレス、ネット選挙、個人情報の寡占化……。誰も知りえなかった楽天・三木谷社長の本心を、守護霊インタビューで明らかにする。

1,400円

幸福の科学出版

大川隆法ベストセラーズ・顧客の心をつかむために

女性が営業力・販売力をアップするには

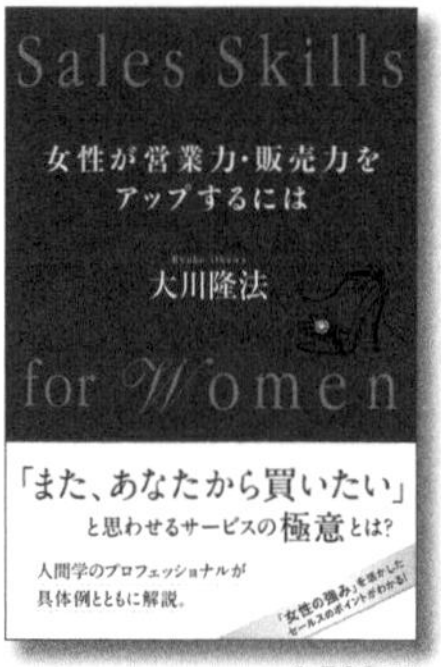

一流の営業・販売員に接してきた著者ならではの視点から、「女性の強み」を活かしたセールスポイントを解説。お客様の心を開く具体例が満載。

1,500円

実戦マーケティング論入門

経営を成功に導くための市場戦略

総合商社でのニューヨーク勤務と巨大非営利事業の経営成功体験から、抽象論になりがちな「マーケティング論」を"実戦"に即して入門解説。

1,500円

経営とは、実に厳しいもの。

逆境に打ち克つ経営法

豪華装丁
函入り

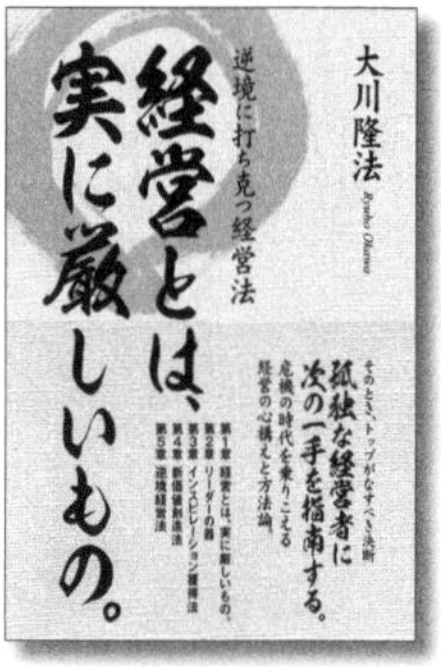

危機の時代を乗り越え、未来を勝ち取るための、次の一手を指南する。「人間力」を磨いて「組織力」を高める要諦が凝縮された、経営の必読書。

10,000円

※表示価格は本体価格(税別)です。

大川隆法シリーズ・**最新刊**

地球を救う正義とは何か

日本と世界が進むべき未来

日本発"世界恐慌"の危機が迫っている!? イスラム国のテロや中国の軍拡など、国内外で先の見えない時代に、「地球的正義」を指し示す一冊。

1,500円

ヘンリー・キッシンジャー博士 7つの近未来予言

英語霊言
日本語訳付き

米大統領選、北朝鮮の核、米中覇権戦争、イスラム問題、EU危機など、いま世界が抱える7つの問題に対し、国際政治学の権威が大胆に予測！

1,500円

国際政治学の現在《いま》

世界潮流の分析と予測

大川隆法　大川裕太　共著

核なき世界は実現できるのか？ 中国の軍拡やイスラム国のテロにどう立ち向かうべきか？ 国際政治学の最新トピックスの「核心」を鋭く分析。

1,500円

大川隆法「法シリーズ」・**最新刊**

正義の法

法シリーズ第22作

憎しみを超えて、愛を取れ

テロ事件、中東紛争、中国の軍拡──。
どうすれば世界から争いがなくなるのか。
あらゆる価値観の対立を超える
「正義」とは何か。
著者二千書目となる「法シリーズ」最新刊！

2,000円

第１章　神は沈黙していない──「学問的正義」を超える「真理」とは何か
第２章　宗教と唯物論の相克──人間の魂を設計したのは誰なのか
第３章　正しさからの発展──「正義」の観点から見た「政治と経済」
第４章　正義の原理──「個人における正義」と「国家間における正義」の考え方
第５章　人類史の大転換──日本が世界のリーダーとなるために必要なこと
第６章　神の正義の樹立──今、世界に必要とされる「至高神」の教え

※表示価格は本体価格（税別）です。

大川隆法ベストセラーズ・地球レベルでの正しさを求めて

未来へのイノベーション

新しい日本を創る幸福実現革命

経済の低迷、国防危機、反核平和運動……。「マスコミ全体主義」によって漂流する日本に、正しい価値観の樹立による「幸福への選択」を提言。

1,500円

正義と繁栄

幸福実現革命を起こす時

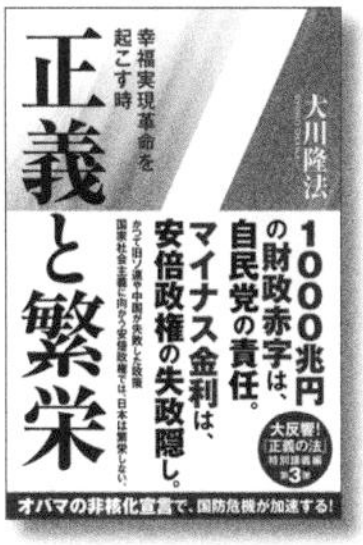

「マイナス金利」や「消費増税の先送り」は、安倍政権の失政隠しだった!? 国家社会主義に向かう日本に警鐘を鳴らし、真の繁栄を実現する一書。

1,500円

世界を導く日本の正義

20年以上前から北朝鮮の危険性を指摘してきた著者が、抑止力としての日本の「核装備」を提言。日本が取るべき国防・経済の国家戦略を明示した一冊。

1,500円

現代の正義論

憲法、国防、税金、そして沖縄。
──『正義の法』特別講義編

国際政治と経済に今必要な「正義」とは──。北朝鮮の水爆実験、イスラムテロ、沖縄問題、マイナス金利など、時事問題に真正面から答えた一冊。

1,500円

幸福の科学出版

幸福の科学グループのご案内

宗教、教育、政治、出版などの活動を通じて、地球的ユートピアの実現を目指しています。

幸福の科学

一九八六年に立宗。信仰の対象は、地球系霊団の最高大霊、主エル・カンターレ。世界百カ国以上の国々に信者を持ち、全人類救済という尊い使命のもと、信者は、「愛」と「悟り」と「ユートピア建設」の教えの実践、伝道に励んでいます。

（二〇一六年十一月現在）

愛

幸福の科学の「愛」とは、与える愛です。これは、仏教の慈悲《じひ》や布施《ふせ》の精神と同じことです。信者は、仏法真理をお伝えすることを通して、多くの方に幸福な人生を送っていただくための活動に励んでいます。

悟り

「悟り」とは、自らが仏の子であることを知るということです。教学《きょうがく》や精神統一によって心を磨き、智慧《ちえ》を得て悩みを解決すると共に、天使・菩薩《ぼさつ》の境地を目指し、より多くの人を救える力を身につけていきます。

ユートピア建設

私たち人間は、地上に理想世界を建設するという尊い使命を持って生まれてきています。社会の悪を押しとどめ、善を推し進めるために、信者はさまざまな活動に積極的に参加しています。

国内外の世界で貧困や災害、心の病で苦しんでいる人々に対しては、現地メンバーや支援団体と連携して、物心両面にわたり、あらゆる手段で手を差し伸べています。

年間約3万人の自殺者を減らすため、全国各地で街頭キャンペーンを展開しています。

公式サイト **www.withyou-hs.net**

ヘレン・ケラーを理想として活動する、ハンディキャップを持つ方とボランティアの会です。視聴覚障害者、肢体不自由な方々に仏法真理を学んでいただくための、さまざまなサポートをしています。

公式サイト **www.helen-hs.net**

幸福の科学グループの教育・人材養成事業

ハッピー・サイエンス・ユニバーシティ

Happy Science University

ハッピー・サイエンス・ユニバーシティとは

ハッピー・サイエンス・ユニバーシティ（HSU）は、大川隆法総裁が設立された「現代の松下村塾」であり、「日本発の本格私学」です。

建学の精神として「幸福の探究と新文明の創造」を掲げ、チャレンジ精神にあふれ、新時代を切り拓く人材の輩出を目指します。

学部のご案内

人間幸福学部

人間学を学び、新時代を切り拓くリーダーとなる

経営成功学部

企業や国家の繁栄を実現する、起業家精神あふれる人材となる

未来産業学部

新文明の源流を創造するチャレンジャーとなる

未来創造学部

2016年4月開設

時代を変え、未来を創る主役となる

政治家やジャーナリスト、ライター、俳優・タレントなどのスター、映画監督・脚本家などのクリエーター人材を育てます。※

※キャンパスは東京がメインとなり、2年制の短期特進課程も新設します（4年制の1年次は千葉です）。2017年3月までは、赤坂「ユートピア活動推進館」、2017年4月より東京都江東区（東西線東陽町駅近く）の新校舎「HSU未来創造・東京キャンパス」がキャンパスとなります。

住所 〒299-4325 千葉県長生郡長生村一松丙 4427-1
TEL.0475-32-7770

教育

学校法人 幸福の科学学園

学校法人 幸福の科学学園は、幸福の科学の教育理念のもとにつくられた教育機関です。人間にとって最も大切な宗教教育の導入を通じて精神性を高めながら、ユートピア建設に貢献する人材輩出を目指しています。

幸福の科学学園

中学校・高等学校（那須本校）
2010年4月開校・栃木県那須郡（男女共学・全寮制）
TEL 0287-75-7777
公式サイト happy-science.ac.jp

関西中学校・高等学校（関西校）
2013年4月開校・滋賀県大津市（男女共学・寮及び通学）
TEL 077-573-7774
公式サイト kansai.happy-science.ac.jp

仏法真理塾「サクセスNo.1」 TEL 03-5750-0747（東京本校）
小・中・高校生が、信仰教育を基礎にしながら、「勉強も『心の修行』」と考えて学んでいます。

不登校児支援スクール「ネバー・マインド」 TEL 03-5750-1741
心の面からのアプローチを重視して、不登校の子供たちを支援しています。
また、障害児支援の**「ユー・アー・エンゼル!」運動**も行っています。

エンゼルプランV TEL 03-5750-0757
幼少時からの心の教育を大切にして、信仰をベースにした幼児教育を行っています。

シニア・プラン21 TEL 03-6384-0778
希望に満ちた生涯現役人生のために、年齢を問わず、多くの方が学んでいます。

NPO活動支援

いじめから子供を守ろうネットワーク

学校からのいじめ追放を目指し、さまざまな社会提言をしています。また、各地でのシンポジウムや学校への啓発ポスター掲示等に取り組む一般財団法人「いじめから子供を守ろうネットワーク」を支援しています。

公式サイト mamoro.org
ブログ blog.mamoro.org
相談窓口 TEL.03-5719-2170

政治

幸福実現党

内憂《ない》《ゆう》外患《がい》《かん》の国難に立ち向かうべく、二〇〇九年五月に幸福実現党を立党しました。創立者である大川隆法党総裁の精神的指導のもと、宗教だけでは解決できない問題に取り組み、幸福を具体化するための力になっています。

幸福実現党 釈量子サイト
shaku-ryoko.net

Twitter
釈量子@shakuryoko
で検索

党の機関紙
「幸福実現NEWS」

幸福実現党 党員募集中

あなたも幸福を実現する政治に参画しませんか。

○幸福実現党の理念と綱領、政策に賛同する18歳以上の方なら、どなたでも党員になることができます。

○党員の期間は、党費（年額 一般党員5千円、学生党員2千円）を入金された日から1年間となります。

党員になると

党員限定の機関紙が送付されます。
（学生党員の方にはメールにてお送りします）
申込書は、下記、幸福実現党公式サイトでダウンロードできます。

住所：〒107-0052
東京都港区赤坂2-10-8 6階
幸福実現党本部

TEL **03-6441-0754**
FAX **03-6441-0764**
公式サイト **hr-party.jp**
若者向け政治サイト **truthyouth.jp**

幸福の科学グループ事業

出版メディア事業

幸福の科学出版

大川隆法総裁の仏法真理の書を中心に、ビジネス、自己啓発、小説など、さまざまなジャンルの書籍・雑誌を出版しています。他にも、映画事業、文学・学術発展のための振興事業、テレビ・ラジオ番組の提供など、幸福の科学文化を広げる事業を行っています。

アー・ユー・ハッピー?
are-you-happy.com

ザ・リバティ
the-liberty.com

幸福の科学出版

TEL **03-5573-7700**

公式サイト **irhpress.co.jp**

THE FACT

ザ・ファクト
マスコミが報道しない
「事実」を世界に伝える
ネット・オピニオン番組

Youtubeにて
随時好評配信中!

ザ・ファクト　検索

NEW STAR PRODUCTION

ニュースター・プロダクション

ニュースター・プロダクション(株)は、新時代の"美しさ"を創造する芸能プロダクションです。二〇一六年三月には、ニュースター・プロダクション製作映画「天使に"アイム・ファイン"」を公開しました。

公式サイト
newstar-pro.com

入 会 の ご 案 内

あなたも、幸福の科学に集い、ほんとうの幸福を見つけてみませんか？

幸福の科学では、大川隆法総裁が説く仏法真理をもとに、
「どうすれば幸福になれるのか、また、
他の人を幸福にできるのか」を学び、実践しています。

入会

大川隆法総裁の教えを信じ、学ぼうとする方なら、どなたでも入会できます。入会された方には、『入会版「正心法語」』が授与されます。（入会の奉納は1,000円目安です）

ネットでも**入会**できます。詳しくは、下記URLへ。
happy-science.jp/joinus

三帰《さんき》誓願《せいがん》

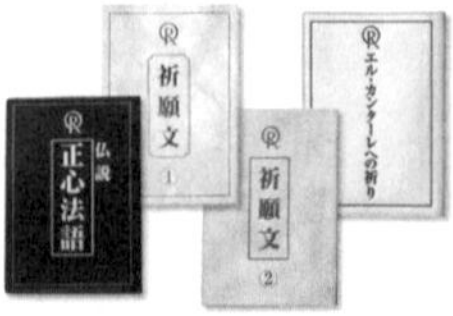

仏弟子としてさらに信仰を深めたい方は、仏・法・僧の三宝への帰依を誓う「三帰誓願式」を受けることができます。三帰誓願者には、『仏説・正心法語』『祈願文①』『祈願文②』『エル・カンターレへの祈り』が授与されます。

植福《しょくふく》の会

植福は、ユートピア建設のために、自分の富を差し出す尊い布施の行為です。布施の機会として、毎月1口1,000円からお申込みいただける、「植福の会」がございます。

ご希望の方には、幸福の科学の小冊子（毎月1回）をお送りいたします。詳しくは、下記の電話番号までお問い合わせください。

月刊
「幸福の科学」

ザ・伝道

ヤング・ブッダ

ヘルメス・
エンゼルズ

INFORMATION	幸福の科学サービスセンター TEL. 03-5793-1727（受付時間 火〜金:10〜20時／土・日・祝日:10〜18時） 幸福の科学 公式サイト happy-science.jp